**Gebrauchsanweisung
für die Deutsche Bahn**

# Mark Spörrle

# Gebrauchsanweisung für die Deutsche Bahn

PIPER
München Berlin Zürich

Mehr Bäume.
Weniger CO$_2$.
www.cpibooks.de/klimaneutral

*Mehr über unsere Autoren und Bücher:*
*www.piper.de*

Die Angaben in diesem Buch entsprechen dem Stand
bei Drucklegung im August 2016.

ISBN 978-3-492-27687-0
© Piper Verlag GmbH, München/ Berlin 2016
Satz: Fotosatz Amann, Memmingen
FSC-Papier: Munken Premium von Arctic Paper
Munkedals AB, Schweden
Druck und Bindung: CPI books GmbH, Leck
Printed in Germany

*»Für alle, die tatsächlich hoffen, mit diesem Buch nun endlich die lange vermisste (...) ›Gebrauchsanweisung zum Bahnfahren in 36 Schritten‹ in Händen zu halten: Fragen Sie besser direkt bei der Bahn nach ...«*

Mark Spörrle und Lutz Schumacher in »Senk ju vor träwelling. 2. Folge: Neue Tipps zum Überleben in der Bahn«, Herder Verlag, Freiburg im Breisgau 2008

*»Die lange vermisste Gebrauchsanweisung zum Bahnfahren: Hier ist sie endlich!«*

Mark Spörrle
Hamburg, im Sommer 2016

*Für Sabeth und Stella*

# Inhalt

# Wieso man zum Bahnfahren eine Gebrauchsanweisung braucht

Eine Gebrauchsanweisung für die Deutsche Bahn? Lustig, denken Sie: Ist Bahnfahren denn so kompliziert, dass man dafür eine Anleitung braucht? Kauft man nicht einfach eine Fahrkarte, steigt ein – und los geht's?

Doch, manchmal klappt das tatsächlich. Dann ist Zugfahren die beste und entspannteste Art der Fortbewegung: Man sitzt, liest, arbeitet, döst, isst, trinkt, plaudert – und zugleich gelangt man dorthin, wo man hinwill. Ohne dass man sich anstrengen muss. Ohne dass man den Weg suchen muss. Ohne dass man selbst fahren und, vor allem: ohne dass man im Stau stehen und aufs Lenkrad hauen muss. Vor dem Fenster fliegen Landschaften und Orte vorbei, immer neue, aber immer auf die gleiche, fast meditative Weise: Bahnfahren beruhigt – und regt zugleich an. Kein Zufall, dass große Literatur in der Bahn entstand. Auch über die Bahn. Nein, es muss nicht immer der Klassiker, Agatha Christies »Mord im Orient-Express« sein (obwohl man Mordgelüste gegenüber so manchem Mitreisenden durchaus verstehen könnte). Auch die Reiseliteratur von Bruce Chatwin oder Paul Theroux wäre nicht denkbar ohne Züge, und bis heute lassen sich Schriftsteller von Pascal Mercier bis Steffen Kopetzky inspirieren vom Fahren, nein: dem Reisen in der Bahn.

*Er ist* Das eben nicht nur Fortbewegung ist von einem Ort zum anderen, sondern viel mehr: ein Zustand nämlich, Zeit zu verbringen. Kommen dazu noch die Mitreisenden mit ihren Vorlieben und Marotten und die für geübtere Bahnfahrer alltäglichen, für Bahnnovizen *neulinge* erstaunlichen bis beunruhigenden Vorkommnisse im Bahnalltag, wird das Ganze zu einer Mischung aus Fernsehen, Theatervorstellung, Restaurantbesuch, Abenteuerreise und Kreuzfahrt zu Lande. Und, sofern man sich darauf einlässt, obendrein zur Messe, zur Kontaktschmiede, zum Klassen- oder Familientreffen mit Unbekannten oder gleich zur Live-Dating-Show – versuchen Sie mal, das alles im Flugzeug oder beim Autofahren hinzukriegen!

Reisen per Bahn ist eine Welt für sich. Die sich unweigerlich auch jenen erschließt, die nicht zu Urlaubs-, Genuss- oder Beobachtungszwecken reisen, sondern beruflich: die Millionen Menschen, die täglich oder wöchentlich von ihrem Zuhause zum Arbeitsplatz und zurück pendeln. Oder zwischen Zuhause, Arbeitsplatz und Beziehung. Oder zwischen Zuhause, Beziehung und mehreren Arbeitsplätzen – und klar, es gibt auch Leute, die konsequenterweise ihren festen Wohnsitz gegen eine Bahncard 100 eintauschen, fortan in Zügen leben und über ihre rätselhaften Mitfahrer bloggen, welche noch zu Hause leben.

Mit der Bahn zu fahren fasziniert die Menschen seit jeher. Weit mehr als das Fahren per Auto übrigens oder das Fliegen. Beim Auto ist es das Gefährt, das einen in seinen Bann schlagen kann, beim Flugzeug das Berückende, in Berlin bei fünf Grad und Regen loszufliegen und kurz danach auf Mallorca bei 25 Grad und blauem Himmel auszusteigen. Bei der Bahn aber ist es das Fahren selbst. Das Unterwegssein. Wer es noch nie probiert hat, wird niemals verstehen, wie es sich anfühlt. Und erst recht nicht, warum sich bei vielen Bahnfahrern nach einiger Zeit zu den Zügen, dem ganzen Drumherum, selbst den Mitreisenden so etwas entwickelt wie eine Beziehung.

In der manchmal eben alles super läuft. Wenn man den richtigen Tag erwischt, die richtige Uhrzeit, die richtige Strecke, den richtigen Zug. Wenn dieser Zug mit der richtigen Wagenreihung einfährt (was künftig viel häufiger passieren soll), wenn die Platzreservierung funktioniert und wenn neben einem kein Lauttelefonierer, Dauerpupser oder Knoblauchbrotesser sitzt. Und auch niemand, der verzweifelt versucht, ein Gespräch zu beginnen, ohne dass man das will.

Natürlich sollte man dazu erfolgreich das richtige Ticket für genau diesen Zug gekauft haben und korrekt eingestiegen sein, in den Zugteil nämlich, der nach Hamburg durchfährt und nicht in Hannover Richtung Bonn abbiegt. Man sollte auf keinen Fall das Dokument vergessen haben, das man beim Fahrkartenkauf zwecks Identifikation angegeben hat. Und wenn dann noch die Klimaanlage funktioniert, die Toiletten, das Bordbistro, und das in genau dieser Reihenfolge, dann lässt sich auch über die eine oder andere Störung im Betriebsablauf hinwegsehen, zu der es unvermeidlicherweise kommen wird.

Aber wenn noch mehr nicht stimmt und das immer wieder, dann kann die Bahnliebe – wie die echte – irgendwann umschlagen in Enttäuschung, Wut, Verzweiflung, Tränen – vielleicht sogar in Hass.

Haben Sie jemals erwachsene Männer im Anzug gesehen, die auf dem zu früh (!) von ihrem Zug nach Frankfurt verlassenen Bahnsteig standen und diesem lauthals hinterherschrien, dies sei jetzt endgültig das letzte Mal gewesen und nun würden sie sich wieder ein Auto zulegen?

Aber, wie bei einer echten Beziehung: Irgendwann ist der Groll meist vorbei. Spätestens dann, wenn ein paar Mal alles wieder einigermaßen gut geht, ja, man sogar pünktlich ans Ziel kommt.

Und damit das klappt – dafür gibt es jetzt diese Gebrauchsanweisung.

# Sehnsuchtsort, Mythos, Abenteuer – die Magie der Züge

Zum ersten Mal fuhr ich mit der Bahn, da muss ich ungefähr sechs gewesen sein. Mitte der 70er-Jahre reisten meine Eltern mit mir von Flensburg zu den Großeltern ins Rheinland. Ich erinnere mich noch genau an das Sechserabteil mit den geteilten roten Sitzen, die sich so gen Abteilmitte ziehen ließen, dass aus immer zwei gegenüberliegenden jeweils eine Liegefläche entstand. Es war heller Tag, aber ich hatte mir sofort die Liege ganz am Fenster eingerichtet. Und wenn ich nicht gerade den metallenen Tischabfalleimer auf- und zuklappte, zur Freude meiner Eltern und einer Frau von nebenan, die mehrfach schimpfend in der Abteiltür erschien, lag ich gemütlich auf dem Bauch, rhythmisch geschaukelt von den Bewegungen des Zuges, leicht sediert vom »Tatam-tatam-tatam-tatam« der Räder, und las. Für mich gab es damals nichts Schöneres, ich fand es herrlich, einfach da liegen und lesen zu können, und: Ich hatte extra für diese Fahrt zwei neue Bücher bekommen!

Außerdem gab es hart gekochte Eier und den ersten Erdbeerquark meines Lebens, von dem ich so viel aß, dass ich sehr dringend auf die Toilette musste. Es war noch ein Exemplar, bei dem sich nach verrichtetem Geschäft per Hebelzug eine Klappe öffnete, durch die man die dahinjagenden Gleise sah. Weshalb mir meine Eltern vehement einschärften, mich beim Sitzen bloß gut festzuhalten, man konnte ja nie wissen. Bei meinem zweiten Toilettengang fiel ihnen dann ein, dass es noch ein Problem gab: die Hygiene. Also bastelten sie eine behelfsmäßige Toilettenbrille aus Papier und schärften mir ein, mich bloß NICHT festzuhalten. Ich verzichtete dann darauf, den Abort noch ein weiteres Mal aufzusuchen.

Und trotzdem, diese erste Bahnreise meines Lebens war für mich etwas ganz Besonderes: Das große Kofferpacken, die Fahrt zum Bahnhof, ausnahmsweise im schwarzen Taxi, die winkenden Großeltern, die drei neuen Bücher, die meine Mutter mir für die Rückfahrt kaufte, weil ich die zwei anderen schon auf der Hinfahrt ausgelesen hatte – all das ist mir bis heute ungemein präsent. Vielleicht hat Bahnfahren deshalb noch heute für mich diesen Reiz, diese Faszination.

### Über das Bahngefühl und Sex im Kopf.
### Eine Beziehungsanalyse

Es gibt natürlich Leute, die suchen für so etwas eine tiefenpsychologische Erklärung. Und meinen, das leichte Schaukeln des Zuges werde deshalb als so angenehm empfunden, weil es unser inneres Ich an die frühkindliche Erfahrung des Schaukelns im Kinderwagen erinnere. Zumal das gedämpfte, monotone »Tatam-tatam-tatam-tatam« der Art ähnle, wie Kinder Geräusche im Mutterbauch wahrnähmen … Sicher, darüber lässt sich streiten, außerdem sind die Schienen mittlerweile auf den meisten Strecken zusammengeschweißt, sodass das mit dem »Tatam-tatam-tatam-tatam« auch vorbei ist.

Aber so weit müssen wir auch gar nicht gehen, wollen wir das Bahngefühl und dessen Faszination erkunden: Autofahren mag, bei einem entsprechendem Auto, spannend sein, Fliegen schnell, aber Bahnfahren ist ein bequemer und zugleich keineswegs unproduktiver Zustand, denn schließlich kommt man dabei voran, und das, ohne dafür selbst etwas zu tun: Bahnfahren ist mobiler Müßiggang. Mit weit besserer Umweltbilanz, als wäre man im Flugzeug oder im Auto unterwegs. (Zu den Fernbussen, die auch die Bahn losschickt, um sich lieber selbst Konkurrenz zu machen, bevor andere es tun, kommen wir später.)

Auch wenn man einfach nur nüchtern rechnet, spricht viel für die Bahn: Okay, manchmal ist es billiger, nach Köln, Frankfurt oder Düsseldorf zu fliegen. Aber da hetzt man erst zum Check-in oder zur Gepäckabgabe, lässt dann bei der Sicherheitskontrolle fast die Hosen runter und muss, kaum dass man glücklich im Flugzeug sitzt, den Laptop vor die Brust gequetscht hat und vorsichtig versucht, die Ellenbogen so weit auszufahren, dass man einigermaßen die Tastatur bedienen kann, wieder einpacken, denn es wird ein süßer oder salziger Snack serviert. Die Zeit im Zug dagegen, ist man einmal eingestiegen und hat seinen Platz gefunden – was natürlich voraussetzt, dass Zug und Platz existieren –, lässt sich viel effizienter zum Arbeiten nutzen. Im Auto sollte man als Fahrer sowieso die Finger vom Laptop lassen. Abgesehen davon haut es mit der Pendlerpauschale finanziell ohnehin nur dann einigermaßen hin, wenn man öffentlich fährt. Und, last not least: Man entsteigt der Bahn (vorausgesetzt, es geht nicht allzu viel schief) nach fünf Stunden Fahrt in deutlich besserer Verfassung als dem Auto oder Flugzeug.

Sie haben natürlich völlig recht, wenn Sie sagen: All das ist zwar vernünftig – aber den Zauber des Zugfahrens erklärt es nicht. Dass es nämlich so viele leidenschaftliche Bahnfahrer gibt, die diesem Verkehrsmittel jahrelang die Treue halten, gemeinsam mit ihrem 16.45-Uhr-ICE durch dick und dünn gehen, kaputte Klimaanlagen, wasser- oder gar bistrolose Bistrowagen klaglos hinnehmen – in »leidenschaftlich« steckt eben auch »Leiden« – oder auch laut klagend und schimpfend. Aber: es immer wieder tun. Es gibt Menschen, die alle Loktypen seit 1952 schon an der Silhouette erkennen, die in ihrem Hobbyraum ganze Gleiswelten aufgebaut haben (doch: ein paar Hobby-keller gibt es noch!) und abends Fachwerk-Plastikbahn-höfe zusammenleimen oder kichernd kleine Loks samt Wagen tagelang auf freier Strecke stehen lassen. Aber das ist kein Vergleich zur Hingabe der Bahnkunden: Die ver-trauen nämlich sich selbst einem Transportunternehmen an, das so groß ist, so unübersichtlich, so komplex, so renovierungsbedürftig, dass Pannen und Fehler einfach passieren müssen.

Noch mal kurz zum Auto: Wie Sie sicher wissen, sehen viele Autofahrer ihr Gefährt immer noch als eine Art rollendes Wohnzimmer, als eine Verlängerung ihres eigenen Selbst (»So eine Sauerei: Ich bin abgeschleppt worden! Ich!«). Für sie ist der PKW weit mehr als ein Gegenstand, er ist eine Art Partner für gute und schlechte Zeiten, und selbst in Letzteren fällt es ihnen schwer, sich von ihrem Vehikel zu trennen: Man trennt sich schließ-lich auch ungern von einem lieben Menschen, nur weil der allmählich ein Wrack ist, oder?

In der Tat, erklärte etwa die Berliner Soziologin Christa Bös der »WELT«, sei eine Beziehung zum Auto einer zwischenmenschlichen Liebesbeziehung erstaunlich ähnlich. Drei Komponenten prägen eine solche Beziehung: Leidenschaft, Intimität und der Wunsch, sich dauerhaft zu binden. Hirnforscher haben herausgefunden, wenn Menschen mit attraktiven Autos zu tun haben – und das natürlich nicht etwa in der Form, dass sie von ihnen überfahren werden –, wird jenes Areal im Vorderhirn aktiviert, das man als »Belohnungszentrum« kennt: der Nucleus accumbens, der dann seinerseits Erregungspotenziale an andere Teile des Gehirns sendet, die bei uns im Kopf wiederum Zufriedenheit und Freude auslösen. Angeregt werden kann das Belohnungssystem aber natürlich auch durch anderes: das Lächeln eines geliebten Menschen, ein leckeres Eis, ein erfüllendes Buch, Sex, Kokain, Sport und, davon können wir ausgehen, durch das Reisen mit der Bahn. Bahnfahren ist also wie Sex?

»Der Mensch kann alles lieben«, zitiert die »WELT« den Tübinger Neurobiologen und Hirnforscher Niels Birbaumer. Den Partner. Das Auto. Warum also nicht das Dahingleiten im Zug. Diesen Zustand, der sich bestens eignet, um sich schwerelos und mit wachsender Vorfreude dem Urlaubsort zu nähern, ja, um idealerweise den Urlaub schon unterwegs beginnen oder, umgekehrt, noch ausklingen zu lassen, mit einem Buch, mit Musik aus dem Kopfhörer, einem Kartenspiel mit der Familie. Der aber auch ideal ist für Kopfarbeiter, auch jene, bei denen Arbeit und Freizeit ohnehin längst zu einer Daseinsform verschmolzen sind, die man mithilfe von ein paar technischen Geräten, Strom und WLAN überall leben kann, in der Bahn sogar eigentlich am besten, denn dort kommt man gleichzeitig noch voran (mehr zum WLAN später).

Gut, Bahnfahren ist also ein bisschen wie Sex. Aber vor allem etwas wie Meditation, Flow, Trance. Etwas, an das man sich gewöhnen kann.

Vor ein paar Jahren reiste ich für das Goethe-Institut mit dem italienischen Autor Beppe Severgnini in einer guten Woche von Berlin nach Palermo. Per Bahn. »Va bene?!« hieß unsere Reise, unser Auftrag: den Vorurteilen der Deutschen gegenüber den Italienern und denen der Italiener gegenüber den Deutschen wechselseitig auf die Spur zu kommen. Wir stoppten in Städten, um ganz konkreten Klischees nachzugehen, wir schliefen nachts ein paar Stunden in Hotels, aber den größten Teil dieser Zeit verbrachten wir im Zug. Verfassten unseren täglichen Reiseblog, der online veröffentlicht und in diverse Sprachen übersetzt wurde, dachten uns Video-Sketche für den mitreisenden Kameramann aus und erreichten unsere Umsteigezüge diverse Male nur noch in gestrecktem Galopp. Pünktlich zu unserer Reise war der isländische Vulkan Eyjafjallajökull ausgebrochen, die Vulkanaschewolken hatten reihenweise Flughäfen lahmgelegt, und alle Züge waren noch voller als sonst. Aber ab dem dritten, vierten Tag bemerkte ich zu meiner großen Verblüffung abends im Hotel regelmäßig etwas wie – Enttäuschung.

Was mir fehlte, war die Bahn. Oder vielmehr: die vierte Dimension. Das Abtauchen-Können. Dieser Zustand des Fast-Entrücktseins in eine Zwischenwelt. Die Eindrücke, die Inspirationen, die einen anfliegen, wenn man einfach nur aus dem Fenster sieht (und wo anders macht man das heute noch?). Eigentlich also das Gefühl, das ich seit meiner Kindheit immer im Zug habe.

## Wie es kam, dass wir Deutschen »die Bahn« so lieben. Und warum sie uns immer wieder enttäuschen muss

Bevor wir zur essenziellen Frage kommen, wie man ganz konkret seine persönliche Beziehung zur Bahn, diesem schienengeführten Wunderwerk der Emotionen, am geschicktesten gestaltet, noch etwas zur generellen Beziehung von uns Deutschen zur Bahn. Wobei, und das gehört schon zum Thema, die allermeisten Menschen unter »der Bahn«, obwohl es mittlerweile mehr als 400 Unternehmen gibt, die in Deutschland Fahrgäste in Zügen transportieren, immer noch die Deutsche Bahn verstehen, manche sagen sogar noch »Bundesbahn«. Jenes staatseigene Unternehmen also, dem ein Streckennetz von 33 000 Kilometern gehört, das sechstlängste der Welt – und das, Privatisierung hin oder her, in Deutschland immer noch kaum ernsthafte Wettbewerber hat. Im Güterverkehr kommt die Deutsche Bahn auf einen Marktanteil von 75 Prozent, im Regionalverkehr sogar auf 80 Prozent. Den Fernverkehr kontrolliert sie nach wie vor praktisch alleine. Insofern ist es also für die Wettbewerber sehr ungerecht, wenn die meisten Menschen, wenn sie »Bahn« sagen, in erster Linie die »Deutsche Bahn« meinen, aber es ist irgendwie auch verständlich.

Was nun aber das Verhältnis zur besagten Bahn angeht, ist das der Deutschen ein ganz besonderes. Auch wenn die Anfänge des hiesigen Eisenbahnwesens im Jahr 1835 sich so schwierig gestalteten, dass damals kaum jemand an nachhaltigen Erfolg glaubte, mit Ausnahme der beiden Männer natürlich, die den ersten Zug nach Deutschland holten: Zwei Kaufleute aus Franken waren es, die der neueste Hype aus England – selbstfahrende dampfgetriebene Kutschenzüge auf Metallschienen! – so begeistert hatte, dass sie diese Attraktion unbedingt auch nach Deutschland bringen wollten.

Das war damals noch in viele Kleinstaaten zersplittert, und für die meisten Fürsten war eine Eisenbahn ab dem Moment undenkbar, wo sie über die Grenze ihres Fürstentums hinausreichte. Fuhrleute witterten zu Recht Konkurrenz. Und Ärzte machten sich Sorgen, der Rauch der Lokomotiven und die hohe Geschwindigkeit der Züge – in England jagte man bereits mit ungeheuren fünfzig Stundenkilometern dahin – könnten die Bevölkerung irre und krank machen.

Nur wenige, wie der schwäbische Politiker und Ökonom Friedrich List, sprachen davon, dass ein bundesweites Eisenbahnnetz auch die deutschen Staaten mehr zusammenführen und für wirtschaftlichen Aufschwung sorgen könne.

Der bayerische Staat allerdings war aufgeschlossen für das Projekt, der Landtag hatte die Strecke zwischen Nürnberg und Fürth als geeignet empfohlen, und Bayernkönig und Schöngeist Ludwig I. hatte sogar eine Testeisenbahn im Park von Schloss Nymphenburg installieren lassen, wollte dann aber doch lieber in einen Kanal zwischen Main und Donau investieren. Also sammelte der Nürnberger Kaufmann Georg Zacharias Platner, unterstützt von Johannes Scharrer, dem Leiter der Polytechnischen Hochschule, über eine Aktiengesellschaft Geld von Privatleuten ein. Im Prospekt wurde den Anlegern eine ungemein attraktive Rendite von 12,5 Prozent im Jahr versprochen.

Platner und Scharrer gründeten eine Eisenbahngesellschaft, ließen eine Gleisstrecke von Nürnberg nach Fürth bauen und bestellten beim englischen Lokomotivenhersteller Stephenson eine Dampflok und einen Musterwaggon. Der Kurzzug wurde zerlegt geliefert, allein für die Lok brauchte man zwanzig Kisten, die mit dem Schiff nach Köln gebracht und von dort mit Fuhrwerken umständlich nach Franken kutschiert wurden – schon das ein Beleg, wie sehr man eine Eisenbahn brauchte. Die Firma Stephenson schickte auch einen Lokführer mit, William Wilson, einen langen Schlaks, der mehr verdiente als Platner als Direktor der Eisenbahngesellschaft und über den das »Stuttgarter Morgenblatt« bewundernd schrieb: »Auf alles achtend, die Minute berechnend, da er den Wagen in Bewegung zu setzen habe, erschien er als der regierende Geist der Maschine und der in ihr zu der ungeheuren Kraftwirkung vereinigten Elemente.« Lokführer von heute würden vor Neid erbleichen.

Und dann, am 7. Dezember 1835, dampfte die Lok »Adler« los.

In nur neun Minuten legte sie die Strecke von 6,2 Kilometern von Nürnberg nach Fürth zurück, neun Wagen mit todesmutigen Ehrengästen hinter sich her ziehend; es muss ungefähr ein Gefühl gewesen sein wie heute bei der Jungfernfahrt der neuesten Superlooping-Achterbahn auf dem Oktoberfest. Entlang der Gleise standen die Franken im Sonntagsstaat, jubelten, rollten das »R« nach Leibeskräften und warfen ihre Hüte hoch – und das Beste: Am Schluss entstiegen alle Mitfahrer dem Zug unbeschadet.

Aber, so viel Unterschied musste sein: Schon auf dieser allerersten deutschen Eisenbahnfahrt gab es die erste, zweite und dritte Wagenklasse. Und in Letzterer führten die deutschen Eisenbahngründer am 11. Juni 1836 gleich noch den ersten deutschen Gütertransport per Zug durch: In Nürnberg lud ein Bierbrauer zwei Fässer Bier in einen Drittklasswagen, und tatsächlich: In Fürth ließ es sich immer noch trinken! Schon für das Jahr 1836 steckten die Investoren der Eisenbahngesellschaft nicht mehr nur zwölf, sondern zwanzig Prozent Rendite ein.

Danach ging alles sehr sehr schnell. Überall in Deutschland wollte man die starken Dampfrösser haben. Bald standen sie auf der ganzen Welt für Fortschritt, Moderne und den Glauben an die Allmacht der Technik. Das neu anbrechende Zeitalter der Industrialisierung wäre undenkbar gewesen ohne die Eisenbahn, die sehr schnell zum unentbehrlichen Transportmittel wurde für Menschen, Waren und Hoffnungen. Und tatsächlich, die Visionäre behielten recht: Das »Unternehmen, gerichtet auf wiederholte Fortbewegung von Personen oder Sachen über nicht ganz unbedeutende Raumstrecken auf metallener Grundlage«, so definierte das Deutsche Reichsgericht 1879 die Eisenbahn noch trocken, ließ auch die Städte zusammenrücken. Endlich gab es die Möglichkeit, einen anderen Ort komfortabel, zuverlässig und in berechenbarer Zeit zu erreichen, unabhängig davon, ob Pferde müde wurden oder stürzten, ob Wege überflutet oder schlammig waren. Auf den Schienen rumpelte es längst nicht so wie bei der Fahrt mit der Postkutsche, und mit Kohle, Holz und Wasser erreichten die Loks, ganz ohne Einsatz der Peitsche, eine drei Mal höhere Durchschnitts- und vor allem Dauergeschwindigkeit als die Kutschen.

Gut, das störte anfangs manche in ihrem Raum- und Zeitgefühl. Bahnfahrer der ersten Stunde fühlten sich »wie mit einem Projektil durch die Landschaft geschossen«. Der Schriftsteller Heinrich Heine empfand 1843 in Paris ein »unheimliches Grauen«: »Durch die Eisenbahnen wird der Raum getötet, es bleibt uns nur noch die Zeit übrig. Mir ist, als kämen die Berge und Wälder aller Länder auf Paris angerückt.« (»Lutetia«, zweiter Teil.) Andere frühe Bahnreisende fürchteten Unfälle, Katastrophen und Überfälle: In den frühen Zügen fehlte ein Verbindungsgang zwischen den Waggons, und stieg an einem Bahnhof jemand zu, war man auf Gedeih und Verderb gezwungen, mit ihm die Zeit bis zur nächsten Station zu verbringen. Damals tauchte die Frage auf, warum die Reisenden in den Abteilen erster und zweiter Klasse eigentlich nicht mehr miteinander redeten wie früher noch in den Postkutschen, sondern sich hinter ihrer Reiselektüre verschanzten; die Dritt- und Viert-klässler dagegen gackerten so lustig wie ihre mitreisenden Hühner.

Schon bevor 1871 das Deutsche Reich gegründet wurde, wuchsen die Schienennetze der einzelnen Staaten zusammen. Bald wollten auch die Europäer so komfor-table Züge, wie sie George Mortimer Pullman in Nord-amerika eingeführt hatte. 1883 ratterte zum ersten Mal der Orient-Express von Paris nach Konstantinopel, schnell fuhren weitere Luxuszüge aus Frankreich gen Osten: Reisen per Eisenbahn war schick geworden. Wer etwas auf sich hielt, ging im Salonwagen auf große Tour, Könige und Kaiser fuhren samt Hofstaat im Luxuswaggon – es war das »Goldene Eisenbahnzeitalter«. Die New York Grand Central Station oder der 1888 eröffnete Frank-furter »Centralbahnhof«, errichtet als »Kathedralen des Fortschritts«, spiegeln die Bedeutung wider, die die Eisenbahn damals hatte. Kein Wunder, dass der Geist jener Jahre dafür sorgte, dass Lokomotivführer zum Traum-beruf von Generationen von Jungen wurde und die Modelleisenbahn zum Inbegriff des Spielzeugs geriet.

Diese Faszination für die Eisenbahn, ja: diese Liebe, sie überdauerte die Instrumentalisierung der Züge in den Kriegen und durch die Nationalsozialisten. Den Transport unzähliger Soldaten, den Vernichtungskrieg im Osten, die Deportationen von Millionen Menschen in die Konzentrations- und Vernichtungslager, was, so schreibt die Deutsche Bahn heute auf deutschebahn.com, »ohne die Reichsbahn nicht möglich gewesen« wäre. Sie überdauerte die Teilung Deutschlands, den Neubeginn und Wiederaufbau. Noch in den 50er-Jahren verreisten die meisten Deutschen mit der Bahn. Die »Helden von Bern«, sie kehrten 1954 nicht im geschmückten Flugzeug, sondern selbstverständlich – und wortwörtlich – im »Triumph-Zug« heim. Den Mythos Bahn komplettierte die Bundesbahn 1966 mit ihrem Slogan: »Alle reden vom Wetter. Wir nicht«; eine Kampagne, die so gut war, dass dieser Spruch bis heute in vielen Köpfen hängenblieb.

Das Bild der Bahn als Inbegriff überragender Technik erlitt im Jahr 1998 beim tragischen Zugunglück von Eschede einen herben Rückschlag. Am 3. Juni brach dort beim ICE »Wilhelm Conrad Röntgen« aufgrund von Materialermüdung ein Radreifen und löste eine Kettenreaktion aus. Der Zug entgleiste und brachte mit einer Geschwindigkeit von 198 Stundenkilometern eine Autobrücke zum Einsturz, die einen Teil des Zuges unter sich begrub. 101 Menschen starben, 105 wurden teils schwer verletzt. Überlebende Beteiligte und Angehörige leiden immer noch unter den Spätfolgen dieser Katastrophe.

Aber noch mehr als dieser beispiellose schreckliche Unfall schadeten die Sparmaßnahmen für den lange Jahre geplanten Börsengang dem Image der Bahn. Bahnchef Hartmut Mehdorn sollte die im Jahr 1994 aus der Behörde Bundesbahn und der Reichsbahn der DDR hervorgegangene Deutsche Bahn für die Bundesregierung zum börsenfähigen Weltkonzern trimmen.

Mehdorns Methode: expandieren, rationalisieren, sparen.

Im Schienenverkehr erwirtschaftet das Unternehmen heute nur noch etwa die Hälfte des Gesamtumsatzes von etwa vierzig Milliarden Euro. Die andere Hälfte des operativen Geschäfts machen das weitere Transport- und Logistikgeschäft in aller Welt sowie verschiedene Dienstleister aus.

Mehdorn sparte dort ein, wo immer weniger Zugverkehr stattfindet – vorrangig im ländlichen Raum. Seit der Bahnreform 1994 wurden in Deutschland rund ein Drittel der Bahnhöfe geschlossen und das Schienennetz um etwa siebzehn Prozent reduziert. Die Zahl der Bahnmitarbeiter schrumpfte auf 200 000; vor Beginn der Reform war sie fast doppelt so hoch gewesen.

Für die Bilanzen war das gut: Baut man Personal und Material ab, also Kostenfaktoren, spart man erst einmal viel Geld. Vor der Reform hatte die Bahn pro Jahr noch acht Milliarden Euro Verlust produziert. Mit dem Ende der Amtszeit von Hartmut Mehdorn 2009 waren es schon 2,4 Milliarden Euro Gewinn. Für die Fahrgäste hingegen war der strikte Sparkurs gar nicht gut. Die Bahn ließ den Fuhrpark zusammenschrumpfen, baute jede zweite Weiche und Überholgleise ab. Mitarbeiter berichteten, es werde auch an der Wartung gespart. Und von wegen »Alle reden vom Wetter. Wir nicht«: Die Hightechzüge der Bahn fielen aus – bei Schnee und Eis, bei Feuchtigkeit und bei Hitze. Einmal war geschmolzener Schnee in die elektronischen Bauteile geraten, ein andermal versagten die nur für bis zu 32 Grad Außentemperatur geeigneten Klimaanlagen, sobald das Wetter es unverschämterweise wagte, das Thermometer in die Höhe zu treiben. Die Wagen der S-Bahn Berlin streikten aufgrund technischer Mängel zeitweise zu jeder Jahreszeit. »Früher rollten die Züge störungsfreier«, war 2010 in der »Welt« das Fazit von Günter Löffler, Leiter des Lehrstuhls für Technik spurgeführter Fahrzeuge an der TU Dresden. Der Wissenschaftler machte für die erhöhte Zahl von Pannen die gestiegenen Anforderungen an den Bahnverkehr verantwortlich: Die Züge fuhren schneller, waren länger auf der Strecke und sollten mehr Komfort bieten. Andererseits baute die Bahn seit der Bahnreform 1994 ihre Züge gar nicht mehr selbst, sondern ließ sie bauen, denn das war natürlich billiger – erst mal. Und die Eisenbahnfabrikanten testeten die neuen Fahrzeuge zwar auch auf Teststrecken, griffen oft aber auf Berechnungen und Computersimulationen zurück, was die Realität nur zum Teil abbilden kann. Und letzten Endes bedeutete, dass man die Züge so richtig erst im laufenden Betrieb testete, mit den Bahnkunden als Beta-Tester.

Es gab also gute Gründe, weshalb sich auf Bahnhöfen und in den Zügen Pannen und Verspätungen häuften. Die seit der Fußballweltmeisterschaft 2006 in ICEs und ICs gebräuchlichen englischsprachigen Durchsagen halfen dank ihrer unfreiwilligen Komik wenigstens ab und zu über die misslichen Vorfälle hinweg. Jeder Bahnfahrer konnte damals eine missglückte Durchsage zum Besten geben. Ich durfte selbst einmal erleben, wie nahe dem bayerischen Ingolstadt ein Zugbegleiter, der verzweifelt, aber vergeblich in sechs Anläufen versucht hatte, am Mikrofon live »Störungen im Betriebsablauf« zu übersetzen, wütend und mit hochrotem Kopf aus dem Mikrofonkabäuschen stürzte und die vor Lachen brüllenden Fahrgäste in einwandfreiem Sächsisch zur Sau machte. Nein, sie lachten danach nicht weniger ...

Kurz: Wohl noch nie war das Ansehen der Bahn in Deutschland so weit unten – auch bei den Bahnleuten selbst. Als im Jahr 2008 das Buch »Senk ju vor träwelling. Wie Sie mit der Bahn fahren und trotzdem ankommen« erschien, eine Satire auf den Bahnbetrieb, die ich zusammen mit Koautor Lutz Schumacher geschrieben hatte – verzweifelt darüber, dass wir als gute Kunden der Bahn immer größere Teile unseres Lebens auf verlassenen Bahnhöfen und in stehen gebliebenen Zügen verbrachten –, waren wir selbst überrascht, welchen Nerv wir getroffen hatten: Das Buch wurde zum Bestseller. Und, das war das Bemerkenswerteste: auch zu noch so bizarren Erklärungen und absurden Verschwörungstheorien, die wir in die Welt setzten, meldeten sich bei uns Bahnangestellte, die sagten, wir hätten völlig recht, es sei genauso. Oder nein, es sei noch schlimmer. Ehrlich gesagt wundere ich mich bis heute, dass ich wegen dieses Buches kein einziges Mal aus vorgeschobenen Gründen eines Zuges verwiesen und an irgendeiner gottverlassenen Station in Brandenburg ausgesetzt wurde. Man behandelte mich im Gegenteil mit ausgesuchter Höflichkeit, und mancher Zugbegleiter zog unser Buch aus der Tasche und bat mich, es zu signieren.

Innerhalb einer relativ kurzen Zeitspanne war es den Bahnoberen also gelungen, den Ruf der Deutschen Bahn bei Kunden wie bei Mitarbeitern zu ruinieren und das, was übrig blieb, lächerlich zu machen.

Das Verhältnis der Deutschen zur ehemals geliebten und verehrten Bahn, es war abgekühlt. Oder, um in der Terminologie der Beziehung zu bleiben: Aus der Liebe von einst war eine enttäuschte Liebe geworden. Dass man wegen ein paar Minuten Verspätung brüllt, gar Morddrohungen in Richtung des Personals schleudert, vielleicht sogar die Faust – haben Sie diese Emotionen schon mal im Flugzeug erlebt? Nein, dort reißt man sich mehr zusammen. Die ständigen Verspätungen auf dem Flughafen nehmen die meisten aus dem fliegenden Heer der Viel- und Überallarbeiter mit fatalistischem Schulterzucken, einer schnellen SMS oder Mail und einem suchenden Blick nach der nächsten Steckdose hin. Aber wenn die Bahn das nicht auf die Reihe kriegt, die Bahn, die früher für überragende Technik und Zuverlässigkeit stand, die Bahn unserer Kindheit, UNSERE Bahn ...

Im Jahr 2011 kam dann auch die Bundesregierung darauf, dass ein Börsengang doch nicht so günstig wäre. Zumindest nicht sofort. Eine Bahn ohne Kunden lässt sich bekanntermaßen schlechter an die Börse bringen als eine mit. Dazu war die Dynamik an der Börse damals nicht die günstigste. Es sollte also wieder um Zuverlässigkeit gehen statt um Gewinnmaximierung, verkündete der damalige Bundesverkehrsminister Peter Ramsauer.

Da hatte man schon die englischsprachigen Durchsagen reduziert. Der Technikvorstand der Deutschen Bahn hatte sich vorgenommen, beim Bau der bestellten neuen Züge wieder enger mit den Herstellern zu kooperieren. Und der Bahnchef hieß nicht mehr Mehdorn, der zog weiter, um bei Air Berlin zu sparen, sondern Rüdiger Grube.

Ihn ließ die Politik erst mal ziemlich allein mit seiner Aufgabe und dem deutschen Schienennetz. Dessen Zustand ist, je nachdem, wen man fragt, schlecht, besorgniserregend oder katastrophal. Es gibt eine Vielzahl von Stellen, die Züge aus Sicherheitsgründen nur langsam durchfahren können, weil dort die Strecke kaputt ist oder ausgebessert wird. Jede dieser sogenannten Langsamfahrstellen lässt die Zugfahrt länger dauern. Es gibt auch jede Menge Brücken mit Mängeln, über die man lieber nicht zu ausführlich nachdenken sollte. Und schuld daran ist, natürlich, fehlendes Geld. Es ist schon paradox: Da erklärt die Regierung, mehr Verkehr von der Straße auf die Schiene verlagern zu wollen. Aber fast überall in Europa gibt man deutlich mehr Geld für Eisenbahnschienen aus als in Deutschland. Nach Auskunft der »Allianz pro Schiene«, einem aus Umwelt- und Fahrgastverbänden und Bahngewerkschaften bestehenden Lobbyverband für die Bahn, investierte die Schweiz im Jahr 2014 in ihr Bahnnetz 351 Euro pro Bürger – und damit am meisten in Europa. Danach kommt Österreich mit 210 Euro je Einwohner. Die beiden Länder investieren übrigens ganz bewusst mehr in Schienenverkehr als in Straßenbau; Bürger und Politik sind sich einig, dass das auf Dauer das nachhaltigere Konzept ist. Schweden gibt immer noch 163 Euro pro Kopf aus, die Niederlande 142, Großbritannien 110 Euro. Ja, selbst die italienischen Politiker legten pro Einwohner 82 Euro für Bahntrassen auf den Tisch. Und Deutschland, Land der (ehemals) Bahnbegeisterten, der Umweltbewegung? 49 Euro!

Nicht nur Experten fragen sich ratlos: Haben unsere Politiker als Kind zu wenig mit der Modelleisenbahn gespielt – oder ihre Väter aus ihrer Sicht eben zu viel? Und apropos: Verspielen unsere Politiker, ganz gleich welcher Regierungspartei, eben die letzte Chance, möglichst viel Verkehr auf die Schiene zu holen? Wie kann es sein, dass man, während Schwerlast- und Transitverkehr unsere Straßen ruinieren und unsere Umwelt belasten, immer noch mehr Geld in den Straßenbau steckt?

Und als Bahnkunde muss man sich bei gefühlt fast jeder Fahrt mit Unbilden und Härten herumschlagen, die manchmal wirken wie extra für eine versteckte Kamera inszeniert. Etwa wenn man auf dem Bahnsteig steht und der Zug pünktlich einfährt – für erfahrene Bahnfahrer allein das schon Grund zur Freude – und in dem Moment die Durchsage kommt: »Heute umgekehrte Wagenreihung!« Oder gar keine Durchsage, was auf Gefluche, Gehaste und Gerenne hinausläuft. Wenn man dann endlich seinen Wagen erreicht hat, funktioniert natürlich auch die Platzreservierungsanzeige nicht, man muss sich mit einem unsympathischen Kerl anlegen, der einem eine offenbar identische Reservierung präsentiert und den Platz nicht freigeben will (und den man zu allem Überdruss Tage später bei einem beruflichen Meeting wiedertrifft). Und am Ende hat man, kein Wunder, Mordskohldampf. Aber das Bordrestaurant ist, warum weiß niemand, nicht besetzt. Dafür aber die anscheinend einzige funktionsfähige Toilette in Laufweite, und das dauernd …

Aber es gibt leise Hoffnung.

Im Jahr 2015 startete die Bahn ein groß angelegtes Sanierungsprogramm. Insgesamt sollen bis 2019 28 Milliarden Euro in die Reparatur maroder Strecken, Brücken und Signalanlagen fließen; 11,4 Milliarden Euro von der Bahn, 16,6 Milliarden vom Bund. Es wird das umfangreichste Sanierungsprogramm in der Bahngeschichte sein, ab 2019 will man dann auch noch den von der Deutschen Bahn selbst auf dreißig Milliarden Euro geschätzten Investitionsstau im Netz über zwei Jahrzehnte hinweg abbauen.

Auch an Pünktlichkeit und Verlässlichkeit soll gearbeitet werden, und überhaupt: an der Kommunikation. Glauben würde das die Gemeinde der leidenschaftlichen Bahnfahrer nur zu gerne.

Und die magischen Bahnmomente, die gibt es ja immer noch. Sind Sie schon mal mit dem Zug durch eine märchenhaft frisch verschneite Landschaft gefahren? Oder saßen mit ihrem elektronischen Reader am Tisch im Großraumwagen, eine Tasse Tee neben sich, während es draußen vor der Glasscheibe stürmte, regnete, gewitterte und die Scheibenwischer der auf den Straßen dahinkriechenden Autos hin- und herwackelten?

Und dann ist da noch der Moment, wenn man fröstelnd, einsam und als Einziger morgens um 5.20 Uhr auf einem Bahnsteig steht. Und dann geht zuerst die Sonne auf, und aus der Sonne kommt der Zug, stoppt, und der Zugbegleiter hält einem grinsend die Tür auf und sagt: »Herrlich, was? Wir kommen gleich mit dem Kaffee durch!«

Ja, das gibt es auch. Aber wie kommt man jetzt ordentlich rein in den Zug?

# Versuch über den Fahrkartenkauf. Aber vorher noch ein paar grundlegende Fragen

Früher gab es eigentlich nur eine einzige Möglichkeit, an Zugfahrkarten zu kommen, bei denen es sich ganz früher noch um kleine, schief bedruckte Pappkärtchen handelte: Man reihte sich in einer zugigen Bahnhofshalle in die langen Schlangen derer ein, die vor den Schaltern warteten. Dort, geschützt vor allzu intensivem Kundenkontakt durch extradicke Glasscheiben mit Messingklappen, arbeiteten die Bahnbeamten stoisch einen Anstehenden nach dem anderen ab. Und um 8.19, 10.22 oder 14.17 Uhr, oder wann auch immer sonst die Zeit für ihre Kaffeepause gekommen war, schlossen sie die Klappe, erhoben sich und gingen – da konnte man draußen vor der Scheibe noch so verzweifelt rufen, der Zug fahre doch in fünf Minuten und sonst heute kein anderer mehr, und ob der Herr, bitte!, nicht einmal, ausnahmsweise, eine Ausnahme machen könne ...

Später wurden die Schalter abgelöst von modernen Kundenzentren, in denen es keine Glasscheiben mehr zwischen den Bahnleuten und ihren Kunden gab. Man sich aber, wollte man eine Fahrkarte erwerben, nach wie vor in die Warteschlange einreihen und inständig hoffen musste, dass die Frau mit der halben Brille und den vielen Zetteln in der Hand vor einem kein IWNW war, kein »Ich-weiß-nicht-wohin«, die mit der Schalterangestellten erst drei alternative Reiserouten nach Freiburg im Breisgau durchgehen, sich dann überraschend für einen günstigen Nachtzug nach Fürth interessieren und sich schließlich eine Regionalverbindung über Gera nach Weimar heraussuchen lassen würde – natürlich ohne am Ende das Ticket zu buchen. Dafür würde sie in den nächsten Tagen, mit neuen Zetteln, noch mal wiederkommen.

Erstaunlich viele Menschen kaufen noch heute so ihre Zugtickets und schimpfen darüber, dass es immer weniger Kundenzentren gibt und in diesen immer weniger Schalter, sodass man dafür immer länger benötigt. Dabei stehen längst andere Möglichkeiten zur Verfügung, an sein Ticket zu kommen; mehr dazu später.

Aber vorher sollte man überlegen: Welches Ticket möchte man überhaupt? Denn, auch das muss erwähnt werden: Es gibt tatsächlich Menschen, die wollten eigentlich mit der Bahn fahren und nehmen dann nur deshalb das Auto, weil sie zwar versucht haben, das Preis- und Tarifsystem, die Bahncards, die Sparpreise, die Buchungsmöglichkeiten zu verstehen – aber kläglich gescheitert sind. Sie, liebe Leserinnen und Leser, sollten sich darum keine Sorgen machen; wofür haben Sie schließlich dieses Buch?

Und trotzdem oder eben gerade deshalb: Wer mit der Bahn irgendwohin fahren will, sollte schon mal über ein paar grundsätzliche Dinge nachgedacht haben.

## Lässt sich Ihr Ziel ohne Umsteigen erreichen?

Es mag erst mal sehr banal klingen, aber ich kann nur betonen: Die Gefahr, dass eine Reise per Bahn zu einem unerfreulichen Erlebnis wird, nimmt mit der Zahl der Umstiege exponentiell zu. Bei jedem Anschlusszug, der neu ins Spiel kommt, können andere ungeahnte Probleme auftauchen und wächst insgesamt das Risiko, dass man sich am Ende des Tages heißhungrig vor dem geschlossenen Burgerrestaurant im Bahnhof von Hannover wiederfindet, wo man doch eigentlich nach Essen wollte. Ein Zielort dagegen, der sich ohne Umsteigen erreichen lässt, ist nicht nur bequem, weil man die ganze Fahrt hindurch einfach sitzen bleiben kann (natürlich nur, sofern man einen Sitzplatz hat). Zugleich erhöht sich so auch die Wahrscheinlichkeit, dass man überhaupt dort ankommt. Beziehungsweise einigermaßen pünktlich.

Denn Pünktlichkeit ist bei der Bahn so eine Sache. Im März 2016 zum Beispiel lag sie im Personenverkehr bei 95,2 Prozent. Was sich erst mal gar nicht schlecht anhört: sind das nicht mehr als 95 von 100 Zügen, die fahrplanmäßig den Bahnhof verlassen? Schon etwas anders sieht es aus, wenn man sich Nah- und Fernverkehr getrennt ansieht: Im Naheverkehr, ohne ICs und ICEs also, lag die Pünktlichkeitsquote zwar sogar noch höher: bei 95,5 Prozent. Im Fernverkehr dagegen erreichten die – schnellen! – Fern- und Hochgeschwindigkeitszüge nur eine Pünktlichkeit von 80,9 Prozent. Na ja, sagen Sie nun vielleicht, es kommt ja auch nicht immer exakt auf die Minute an, und eine, zwei Minuten später ist doch nicht tragisch, wer wird denn da so kleinkariert sein?

Aber, und für viele Bahnfahrer ist das immer noch eine Überraschung, »pünktlich« heißt sowieso nicht auf die

Minute: In der Welt der Deutschen Bahn AG gilt ein Zug als pünktlich, wenn er bis zu fünf Minuten und 59 Sekunden nach der im Fahrplan vorgesehenen Zeit eintrifft. Also: Unpünktlich ist ein Zug ab sechs Minuten Verspätung.

Und, um jetzt wieder zum Umsteigen zu kommen: Dumm, wenn der Anschlusszug laut Fahrplan nur acht Minuten nach dem Eintreffen des ersten Zuges den Bahnhof verlässt und dieser schon fünfeinhalb Minuten verspätet eintrifft. Laut Definition der Bahn zwar noch »pünktlich«. Aber der Anschlusszug fährt vom entgegengesetzten Ende des Bahnhofs ab, und der Weg dorthin führt mitsamt einem schweren Koffer entweder durch Fahrstühle, die nur im Schneckentempo kommen, oder über Treppen, die hoffnungslos verstopft sind von anderen hektischen Reisenden. Und dann, in genau dem Moment, in dem man endlich auf den Bahnsteig stürzt, keuchend und schnaufend wie Indiana Jones in seinem letzten Film, schließen sich die Türen des Anschlusszuges, und er fährt davon – zum großen Stolz seiner Besatzung nicht nur pünktlich laut Definition, sondern sogar pünktlich nach der Uhr. Im ungünstigsten Fall war der abgefahrene Anschlusszug der letzte des Tages, und man muss die zweifelhaften Qualitäten des Hotels gegenüber dem Bahnhof testen, sofern man nicht aufgibt und einen Mietwagen nimmt (was die meisten Bahnreisenden niemals tun). Im allerungünstigsten Fall wird der wichtige Termin, den man nun schon zum dritten Mal versetzt hat, misstrauisch. Oder auch die Partnerin, die einem diese ständigen dummen Bahnausreden allmählich wirklich nicht mehr abnimmt. Und deshalb nachgefragt hat. Und was sagte man ihr? Der erste Zug sei doch »pünktlich« eingetroffen …

Auch wenn es nicht so schlimm kommen muss: Erfahrene Bahnreisende meiden tendenziell Reiseziele, die sich nicht ohne Umsteigen erreichen lassen. Und es macht ihnen gar nicht so viel aus, einen Zug zu nehmen, der ein paar Stunden länger benötigt – wenn er nur durchfährt.

Denn, und das kann angesichts all der Baustellen, Streckensperrungen und schneeflockenanfälligen Züge durchaus passieren: Der Zug, in dem man sitzt, kann natürlich auch unter die Bahn-Definition »unpünktlich« fallen und sich mehr als sechs Minuten verspäten. Im März 2016 beispielsweise waren davon im Fernverkehr immerhin knapp zwanzig Prozent der Züge betroffen; 6,6 Prozent waren sogar mehr als sechzehn Minuten zu spät. Derlei Verzögerungen knocken selbst Zeitpuffer von mindestens zwanzig, dreißig Minuten aus, mit denen viele Bahnfahrer nach zwei, drei frustrierenden Umsteigeerfahrungen zu planen versuchen. Was oft schon unmöglich genug ist, weil im Zweifel der nächste Anschlusszug nach Münster oder Emden erst wieder eine, vielleicht sogar zwei Stunden später fährt. Wodurch einem dann doch nichts anderes bleibt als zu hoffen, zu beten und zu rennen.

Angesichts dessen riet ich früher schon dazu, lieber nicht zu fahren, wenn es keine Verbindung ohne Umsteigen gibt, und sich lieber neue Berufskontakte, Bekannte oder Verwandte zu suchen. So weit möchte ich in Anbetracht der vielen nicht direkt erreichbaren Orte, in denen dennoch nette Menschen leben, nicht mehr gehen. Aber wenn Sie trotzdem versuchen, drei, vier Umstiege in Reihe zu absolvieren: Planen Sie niemals mit den letzten Zügen, damit es immer noch eine Alternative gibt. Geht das nicht, sollten Sie vielleicht doch über alternative Verkehrsmittel nachdenken. Ich habe neulich im Zug einen

Chirurgen aus Hamburg kennengelernt, der nur noch mit Faltrad verreist. Da ein gefaltetes Faltrad, glücklicherweise auch das eine Definition der Bahn, kein Fahrrad mehr ist, sondern ein Gepäckstück, darf es selbst im ICE überall dorthin, wo andere ihre Koffer abstellen. Und auch wenn man natürlich niemals auf dem Faltrad von Hannover dem abgefahrenen Zug nach Jena hinterherhetzen wird (obwohl …): Es beruhigt ungeheuer, es im Falle des Falles doch zu können.

### Sind Sie ein Mensch für die zweite Klasse – oder einer für die erste?

Schon vor etwa hundert Jahren war die Wahl der richtigen Wagenklasse für Reisende ein großer innerer Konflikt. Fast ein noch größerer als heute, denn bis 1928 gab es bei der Reichsbahn vier (4!) Wagenklassen. Die unkomfortabelste, die vierte, die sogenannte »Stehklasse«, war die beliebteste. Meist musste man da auch gar nicht mehr stehen; es gab, teilweise noch zum Herunterklappen, Holzbänke. Wem die zu hart waren und wer kein eigenes Kissen dabeihatte, der konnte sich am Abfahrtsbahnhof gegen Pfand ein Sitzkissen mieten und es am Zielbahnhof wieder zurückgeben. In der vierten Klasse war es immer voll und laut, in diesen Wagen transportierten auch die Bauern ihre Waren und kleinere Tiere zu den Märkten in den Städten, hier war es egal, ob man rauchte oder nicht – und vor allem, Grund für die unheimliche Beliebtheit dieser Wagenkategorie, die Fahrt unheimlich günstig, nämlich nur etwa halb so teuer wie ein Billet für die etwas komfortablere dritte Klasse. Also fuhren etwa achtzig Prozent aller Zugreisenden in der vierten. Dadurch machte die Reichsbahn, die anders kalkuliert hatte, Verluste. Aber auch weil jeder Zug trotzdem so viele verschiedene Wagen dabeihaben musste: die ersten drei Wagenklassen gab es jeweils für Raucher und für Nichtraucher, macht mit der vierten Klasse schon ein Minimum von sieben Wagen – Reisende aus den USA, die Zug fahren wollten und erst einmal eine Einweisung für die Wagen benötigten, schüttelten über die deutsche Klassengesellschaft fassungslos den Kopf. Schließlich gab man trotz des gewaltigen Protests der Bahnreisenden die so beliebte vierte Klasse auf und senkte dafür die Preise der dritten. Dass die Reichsbahn weiter rote Zahlen schrieb, lag daran, dass auch die Attraktivität der teuren Zweite-Klasse- und der noch teureren Erste-Klasse-Abteile offenbar beschränkt war. Nicht nur des Geldes wegen; so mancher Oberklassereisende bereute es, nicht andere Kleidung gewählt und unstandesgemäß die untere Klasse gebucht zu haben, wo man redete, lachte, zusammen aß und trank, sondern die im Vergleich wie eine Isolierzelle anmutenden Vierer- oder Sechserabteile, in denen nur gelesen, zumindest aber geschwiegen wurde. Diese inneren Konflikte endeten erst, als 1956 fast alle europäischen Eisenbahngesellschaften ein neues, einheitliches Klassensystem einführten, das nur noch aus der ersten und zweiten Klasse bestand. Und zwar, indem man die luxuriöse erste Klasse abschaffte und die zweite und dritte jeweils eine Klasse hochstufte. Die zweite wurde also zur neuen ersten und die gesellige dritte zur neuen zweiten.

Eine Klasse für die Stilleren, die Lesenden, die Kopfarbeiter, die andere für das gesellige Volk – ein bisschen ist es heute immer noch so, obwohl zumindest die Frage, ob Raucher oder Nichtraucher, längst zugunsten der Letzteren entschieden wurde. Und dank der Sparpreise der Bahn ist die Klassengesellschaft viel durchlässiger geworden. Noch vor wenigen Jahrzehnten wäre man als Zweite-Klasse-Reisender niemals auf die kühne Idee gekommen, das Geld für die erste auszugeben, jedenfalls nicht, bevor das Eigenheim abbezahlt ist. Heute kann sich jedermann, der rechtzeitig bucht, für die Fahrt nach Rügen ohne große Extrakosten mal eine Reise in der ersten gönnen, samt den Kumpels vom Skatverein Glücklassnichtnach und samt einigen kleinen Feiglingen. Und zum Schrecken der weniger ausgelassenen Mitreisenden. Leute mit Laptop und Kopfhörern, die versuchen zu arbeiten, findet man heute in beiden Klassen vor, ebenso Leute, die essen, schmatzen, schnarchen, sich und alle Umsitzenden ungehemmt über Hämorrhoiden unterhalten und fassungslos sind, wenn man das Gespräch spontan mit eigenen Erlebnissen ergänzt. Auch Lauttelefonierer und spielende Kinder mit mehr oder weniger rücksichtsvollen Eltern gibt es hier wie da. Wobei in der zweiten die Zahl der Kinder höher ist, in der ersten dagegen die der Lauttelefonierer – für manche Reisende bereits ein Grund, zu den Rushhour-Zeiten die erste zu meiden.

Um zur Hardware zu kommen: Der Sitzabstand im ICE (920 mm), darauf ist die Deutsche Bahn stolz, toppt mühelos den in Reisebussen (740 bis 850 mm) und im Flugzeug (762 bis 864 mm). Im Fern- und oft auch im Regionalverkehr fläzen die Erste-Klasse-Reisenden nicht auf Stoffsitzen wie in der zweiten, sondern mit größerem Abstand voneinander auf verstellbaren Lederfauteuils. Man hat die Wahl zwischen Abteil und Großraum, die Tische sind größer als in der zweiten, und im ICE kommen Stewardessen und Stewards mit kostenlosen Tageszeitungen, Schokoriegeln und Gummibärchen durch – falls Sie jetzt an so etwas denken: Die Rationen der Süßigkeiten sind so klein, dass sie keine vollwertige Mahlzeit ersetzen. Aber die Serviceleute bringen in der ersten auch Getränke und Essen an den Platz – mehr dazu und zu den Herausforderungen im IC später. Und mittlerweile, da gibt es in den letzten Jahren deutliche Verbesserungen, bringen sie den bestellten Kaffee auch nicht mehr erst kurz bevor man wieder aussteigen muss …

Im Thalys, dem mehrsystemfähigen TGV-ähnlichen europäischen Hochgeschwindigkeitszug, an dem die Deutsche Bahn seit einigen Jahren nicht mehr beteiligt ist und der auf dem Weg nach Brüssel und Paris in Dortmund, Essen, Duisburg, Düsseldorf, Köln und Aachen hält, ist in der Klasse Comfort 1, die etwas besser ist als die erste Klasse der Deutschen Bahn, eine nach Tageszeit passende Mahlzeit sogar im Preis inbegriffen. Und wer das Glück hat, von München mit einem Railjet-Hochgeschwindigkeitszug der ÖBB zu fahren, wird feststellen, dass es dort sogar drei Klassen gibt: Economy – hier kommen die Snacks im Trolley –, First Class mit Am-Platz-Service und Business Class mit Arbeits- und Liegesesseln und noch mehr Ruhe, mehr Platz und einem Begrüßungsdrink. Ja, ein bisschen mehr Luxus könnte der Deutschen Bahn auch guttun.

Hier ist Bedienung am Platz, zumindest wenn es nur um Kaffee geht, trotzdem kein reines Alleinstellungsmerkmal der ersten Klasse mehr: In der zweiten kommt meist jemand vom Bordrestaurant mit dem Tablett durch, allerdings ohne Porzellantassen, und etwas anderes als Standardkaffee ist selten dabei. Kostenfreies WLAN, bisher Alleinstellungsmerkmal der ersten Klasse, soll es bald auch in der zweiten geben.

Zur Qualität des WLAN hingegen in beiden Klassen ist zu sagen: Es schwankt. In Bahnhöfen ist es prima, mutmaßlich dürfen sich aber nicht zu viele Mitreisende im gleichen Moment einloggen, was sie aber natürlich tun, um wichtige, auf der Fahrt benötigte Seiten schon mal zu öffnen. Denn auf freier Strecke war der Empfang noch in der Endphase dieser Gebrauchsanweisung häufig alles zwischen mau und toter Hose. Die Bahn gelobt für die Zukunft Besserung, mit Repeatern auf den Wagen für verbesserten Empfang auch beim Telefonieren. Was daraus wird, wird man beobachten müssen.

Allerdings gibt es noch einen Unterschied zwischen erster und zweiter Klasse, und wem das wichtig ist, der sollte sich dessen gewahr sein: Nur für die erste Klasse verspricht die Bahn auf ihrer Website, dass einen dort die Mitarbeiter »mit einem Lächeln begrüßen«. Ich werde darauf bei meiner nächsten Bahnreise achten – und wehe, ein Zugbegleiter in der zweiten lächelt!

Der wesentliche Unterschied aber ist der: Die zweite Klasse ist immer voller. In der ersten gibt es einen Sitzplatz weniger pro Reihe, und allein schon das sorgt, lässt man Handy- oder Ruhezonen einmal außen vor, für einen geringeren Lärmpegel: Zumal – kleine Feiglinge konsumierende Skattische vielleicht mal ausgenommen – in der ersten nach wie vor das Commitment zur Rücksichtnahme auf andere größer zu sein scheint. So gilt in ICE und IC wie vor hundert Jahren: Will man unterwegs arbeiten, lesen, schweigen oder sich entspannen, sollte man eher die erste nehmen. Auch wenn man wenig Zeit hat. Die Erste-Klasse-Wagen befinden sich in Fernzügen nämlich meist ganz vorne, sodass der Weg aus der Bahnhofshalle zum Zug kurz ist. Oder – kein Witz! – wenn man trocken in den Zug kommen will. Der Bahnsteigbereich, in dem die erste Klasse hält, ist garantiert überdacht, der Zweite-Klasse-Bereich nicht zwangsläufig …

Im Nahverkehr können die Erste-Klasse-Ausstattungen der diversen Zugtypen höchst unterschiedlich ausfallen, und der Unterschied zur zweiten beschränkt sich manchmal nur auf die farbliche Gestaltung des Bereichs oder das Vorhandensein kleiner Tischchen, eventuell auch lediglich auf deren Größe.

Da die erste aber trotzdem deutlich teurer ist als die zweite, bietet sie auch in Nahverkehrszügen den eindeutigen Vorteil, dass man dort seine Ruhe hat. Je ländlicher die Gegend, desto wahrscheinlicher ist, dass Sie dort ziemlich allein sitzen, wenn auch von ungläubigen Zugbegleitern stets aufs Neue kontrolliert, und durch die Glastür verfolgen können, wie in der überfüllten zweiten der Bär tobt. Wird es allerdings noch ländlicher, kann es passieren, dass es sich die Kiddies auf dem Heimweg von der Berufsschule mit ihren auf Freisprecher gestellten Smartphones einfach bei Ihnen gemütlich machen, weil sie genau wissen, dass hier niemand mehr zur Kontrolle kommt.

### Fahren Sie dann, wenn alle fahren? Oder gerade nicht?

Was für eine dumme Frage, denken Sie jetzt vermutlich. Schließlich hängt der Tag, an dem man fahren will, nicht von anderen Leuten ab (es sei denn, man reist in Begleitung), sondern von einem selbst, respektive von Urlaub, Ferien, dem runden Geburtstag des Vaters, der alles entscheidenden Konferenz in der Firmenzentrale – oder auch von der individuellen Spontaneität. Und ist einer der vielgepriesenen Vorteile der Bahn gegenüber dem Flugzeug nicht der, dass man auch ganz spontan in den Zug steigen kann, ohne eine Platzreservierung?

Das alles stimmt. Einerseits. Andererseits achten viele Menschen, auch wenn sie weitere Strecken mit dem Auto fahren, tunlichst darauf, dann loszufahren, wenn die Staugefahr nicht gerade extrem ist. Und natürlich gibt es auch in der Bahn Zeiten, zu denen sich Geschäftsreisende, Pendler und Urlauber ballen. Donnerstags, freitags und sonntags sind die Fernzüge in der Regel voller als voll. Noch schlimmer ist es am Freitag- und Sonntagnachmittag, wenn auch noch die Wochenendheimfahrer unterwegs sind. Noch heftiger – o ja, das geht! – wird es vor und nach Feiertagen und Ferien. Der größtmögliche Klimax liegt vor Weihnachten und Ostern: Hölle!

Züge, die erwartungsgemäß sehr voll sind, kennzeichnet die Bahn in ihren Fahrplänen wenigstens mit einem Warnhinweis, der eine Reservierung empfiehlt.

Am Samstagnachmittag und Dienstagmittag dagegen hat man gute Chancen, ein ganzes Abteil für sich zu bekommen. Laut Bahnstatistik sind dienstags im Schnitt die wenigsten Reisenden unterwegs. Natürlich kann diese Regel durch einen zu evakuierenden Zug, eine Reisegruppe von angeheiterten Versicherungsverkäufern oder durch Großveranstaltungen jederzeit wieder außer Kraft gesetzt werden.

Allerdings: Bei Fußballspielen oder auch mal zu Ferienbeginn, bislang leider nicht bei angeheiterten Reisegruppen, fahren sogenannte »Entlastungszüge«. Die werden zusätzlich zu den regulären Verbindungen auf dem Bahnsteig per Aushang angekündigt, fahren kurz vor oder nach dem eigentlichen Zug dieselbe Strecke wie dieser, sind niemals ein ICE und bestehen in der Regel aus IC-Wagen unterschiedlicher Bauart – aber haben einen Riesenvorteil: Da sich alle anderen panisch in den regulären Zug quetschen, sind sie deutlich leerer.

Vielleicht beschleicht Sie jetzt das Gefühl, dass sich die Frage, wann man fährt und ob man dabei wirklich die Ferienkalender sämtlicher durchquerten Bundesländer im Kopf haben muss, wesentlich entspannter beantwortet, wenn man eins hat: eine Platzreservierung.

### Wollen Sie einen Sitzplatz reservieren – oder suchen Sie das Abenteuer?

Es gibt natürlich Bahnreisende, die wollen nicht planen, sondern sich den Luxus leisten, spontan zu sein. Wollen das Gefühl der Freiheit auskosten, einfach in den nächstbesten Zug hüpfen zu können, wenn sie Lust haben – oder wenn sie ganz in Ruhe die kulinarischen Segnungen der Bahnhofsgastronomie zu Ende genossen haben. Oder sie empfinden die 4,50 Euro für eine Einzelreservierung in der zweiten Klasse als unverschämt teuer für den Sitzplatz, den man dafür bekommt (und das auch nur leihweise!). Oder aber sie wollen den Eventcharakter, das Unabwägbare jeder Bahnreise bewusst noch unterstreichen (»werde ich sitzen oder stehen? Boah – man weiß es nicht! …«) und den Kick des Abenteuers auskosten, für den andere, die keine Ahnung von der Bahn haben, viel Geld bezahlen und eigens nach Kanada oder an den Amazonas reisen.

Egal, welcher Gruppe man sich angehörig fühlt: Will man die Bahnfahrt nicht im Zwischenwagenbereich verbringen, sondern sitzen, muss man immer auf zweierlei gefasst sein: dass man keinen freien Sitzplatz findet, man sich also auf gut Glück auf einen reservierten Sitz setzen muss. Und dass dann derjenige, der den Platz reserviert und bezahlt hat, auch tatsächlich kommt.

Wen das nicht schreckt, für den kann es vielleicht trotzdem von Vorteil sein, seine Reise mit Blick auf die im vorigen Kapitel erwähnten Belastungsspitzen der Bahn zu planen. Und, sofern man in der Stadt losreist, in der der Zug erst eingesetzt wird, etwas früher auf dem Bahnsteig einzutreffen. Dort steht der Zug nämlich oft schon, und man kann sich in Ruhe einen freien, nicht reservierten Platz suchen. Ein weiterer Tipp unter Spontanreisenden ist es, in einer Stadt mit mehreren Bahnhöfen wie Hamburg, Frankfurt oder Berlin nicht erst am Hauptbahnhof einzusteigen, wo alle warten, sondern an einem früheren Bahnhof. (Vorher sollte man sich allerdings davon überzeugen, dass der ausgewählte Zug dort tatsächlich hält.)

Und dann ist es vielleicht noch gut zu wissen, dass das computerisierte System, nach dem in den Zügen die Sitzplätze reserviert werden, einem bestimmten Schema folgt. Der freundliche Reservierungscomputer verteilt die Plätze in beiden Klassen ausgehend vom attraktivsten Ort im Zug: dem Speisewagen. Im Umkehrschluss heißt das: Steigt man möglichst weit weg vom Bordrestaurant ein, findet man am ehesten Plätze, über denen nicht »reserviert« steht.

Seit Jahren hält sich obendrein hartnäckig der »Wagensieben-Mythos«: Dieser besagt, im Kurswagen mit der Nummer sieben reserviere die Bahn grundsätzlich nicht. Warum nicht, dazu kursieren diverse Erklärungen: weil es eine entsprechende Vereinbarung mit dem Lions Club oder den Sozialverbänden zwecks Unterstützung von ärmeren Reisenden gebe; wegen verbindlicher Leerplatzquoten der EU; weil man bei der Bahn glaube, dass die Sieben Unglück bringe oder aber umgekehrt: weil die Sieben die persönliche Glückszahl des Bahnchefs sei –

was bedeuten würde, dass bereits mehrere Bahnchefs in Folge die gleiche Glücksziffer hätten, was nicht auszuschließen, aber doch recht unwahrscheinlich ist. Die Bahn konnte jedenfalls nicht bestätigen, dass in Wagen Nummer 7 nicht reserviert wird. Was man wiederum höchst verdächtig finden kann – wie kann die Bahn etwas leugnen, was jeder Verschwörungstheoretiker genau weiß? Womit wiederum die Frage aufgeworfen wäre: Existiert Wagen Nummer 7 am Ende gar nicht? … Ehrlich, da hilft nur eins: auf den nächsten Bahnsteig und nachsehen!

Aber wie gesagt, es gibt auch den anderen, weit weniger aufregenden, aber viel bequemeren Weg: die Reservierung. Für 4,50 Euro in der zweiten Klasse – in der ersten ist die Gebühr im Fahrpreis inbegriffen – sichert man sich einen Platz, den einem die ganze Zugfahrt hindurch keiner mehr wegnehmen kann. Vorausgesetzt, das Reservierungssystem fällt nicht aus, und ebenso vorausgesetzt, Sie schaffen es, den für Sie reservierten Platz bis fünfzehn Minuten nach Abfahrt des Zuges zu erreichen, sonst verfällt die Reservierung. Weswegen man sich, gerade wenn viel los ist, schon auf dem Bahnsteig richtig platzieren sollte, denn das mit dem Einsteigen kann tatsächlich schiefgehen. Ich verbrachte einmal die Fahrt von Fulda nach Kassel im Zwischenwagenbereich dicht vor der Toilette in Gegenwart eines albinoblonden Mannes, der fast wahnsinnig darüber wurde, dass er in den falschen Zugteil des aus zwei Zügen bestehenden ICE gestiegen war, sich seine teuer erworbene Reservierung also unerreichbar im anderen Zugteil befand und bald verfallen würde. Aus diesem Grund benötigte er dringend jemanden zum Dampfablassen, und dass in besagtem Zwischenwagenbereich ausgerechnet ich als hilfloser Ansprechpartner zur Verfügung stand, liegt daran, dass ich voll Übermut gedacht hatte, auf eine Platzreservierung ausnahmsweise verzichten zu können …

Bei der Deutschen Bahn erwerben Sie normalerweise nur einen Anspruch auf Beförderung, nicht aber auf einen Sitzplatz. Der gilt im Bahnsprech oft noch als »Komfortmerkmal«. Es spricht viel dafür, sich im Zweifel diesen Komfort zu gönnen. Nicht umsonst ist im Thalys, der zwischen Deutschland, Frankreich, Belgien und den Niederlanden verkehrt, die Platzreservierung im Ticket inbegriffen, und auch in anderen Schnellzügen wie dem TGV oder dem Eurostar kann man sich im Zwischenwagenbereich kauernde Fahrgäste offenbar nicht vorstellen. Wer so kühn ist, bei der Deutschen Bahn eine Fahrt mit Umsteigen zu buchen, der sollte erst recht reservieren. Selbst wenn es eine Wette auf die Zukunft ist: Der Gedanke, sitzen zu können, wenn man seinen Anschlusszug nach einem wilden Hürdenlauf über Bahnsteige, Treppen und andere Reisende gerade noch in letzter Sekunde erreicht hat, hat etwas sehr Tröstliches.

Eine Sitzplatzreservierung kaufen kann man übrigens noch bis kurz vor Abfahrt des Zuges. Wie das geht, dazu kommen wir unten.

### Abteil, Großraum, Tisch oder Einzelplatz? Was wann am besten für Sie ist

Sind wir mit den strategischen Vorüberlegungen immer noch nicht fertig?, fragen Sie sich jetzt vielleicht. Eine Bahnfahrt ist doch schließlich keine Expedition zum Mount Everest. Reicht es denn nicht, seinem Vater dringend zu empfehlen, bloß nicht an Weihnachten oder Ostern Geburtstag zu haben, außerdem zu wissen, ob man erster oder zweiter Klasse fahren will, und sich dann dort einfach einen beliebigen Platz zu reservieren?

Im Zweifel: ja. Wenn Ihnen das genügt, lesen Sie am besten gleich beim nächsten Kapitel weiter.

Aber vielleicht haben Sie auch schon selbst kurz überlegt, ob Sie lieber im lauten Großraumwagen sitzen wollen oder im ruhigen Abteil? Wobei man das differenzierter sehen muss: Im Großraum ist der Lärmpegel insgesamt natürlich höher, aber der Lärm ist meist diffuser, eher ein lautes Hintergrundrauschen – gut, man kann immer das Pech haben, dass direkt neben einem ein halb tauber, aber bekennender Hardrockfan sitzt. Im Abteil ist es zwar grundsätzlich leiser, aber wenn einer Ihrer fünf Mitfahrer beschließt, endlich das lange versprochene Telefonat mit seiner schwerhörigen Oma nachzuholen, haben Sie das ungeteilte Vergnügen. Es kann auch passieren, dass der kleine Max beschließt, dies sei genau der richtige Ort, um Mami und Papi fünf Jahre versäumte Erziehung endlich heimzuzahlen. Und wenn Sie zusammen mit einer fünfköpfigen Clique von angeschickerten Kölnerinnen gen Berlin fahren und eigentlich arbeiten wollten, haben Sie sowieso schon verloren. Falls es aber so ist, dass Sie ebenfalls nette Leute kennenlernen wollen, mit denen sich Prenzlauer Berg unsicher machen lässt: Bingo! Und auch wenn Sie vor der nächsten Bahnfahrt überlegen, wohin Sie sich mit ein paar Kumpels, ihrer streitlustigen Familie oder mit Blähungen setzen sollen; das Abteil ist genau die richtige Wahl.

Im Großraumwagen lassen sich die akustischen Risiken des Bahnfahrens noch weiter eingrenzen, wenn man einen Platz im Ruhebereich wählt. Klingelkonzerte und laute Telefonate sind hier unerwünscht, Kindergeschrei meist auch, manchmal sogar Unterhaltungen. Allerdings halten sich längst nicht alle daran – im Gegenteil: Die Flüsterzonen scheinen eine eigenwillige Anziehungskraft auf all jene auszuüben, die besonders angeregt mit ihrer Reisebegleitung oder ihrem Handypartner schwadronieren möchten. Wer konfliktfrei telefonieren muss oder will, sollte sich am besten in die eigens mit Netzrepeatern ausgestatteten Handyzonen setzen.

Und noch ein Wort zur Frage, die sich viele Bahnfahrer stellen: Tisch oder nicht? Beim Arbeiten ist ein Tisch meist hilfreich, das stimmt. Dennoch ziehen die Vierertische in der Bahn analog zum heimischen Küchentisch auch alle magisch an, die nicht daran denken zu arbeiten: Videogucker, gemeinsam reisende Freunde und Familien, alkoholgeneigte Vereinsbrüder und -schwestern, Bahnwenigfahrer, Daueresser mit Käseplatten und Passagiere, die den Tisch dazu nutzen, ihre Ellenbogen darauf und den Kopf in die Hände zu stützen und andere Leute permanent anzustarren. Die Situation des Vis-à-vis-Gegenübersitzens zu beiden Tischseiten wird auch gerne zum Anlass genommen, ein Gespräch über das Wetter oder die Schönheit der vorbeiziehenden Kirchtürme vom Zaun zu brechen. Wem das entgegenkommt, der hat hier einen schönen Alternativplatz zum Abteil.

Wer sich separieren will und nicht über bahntaugliche Kopfhörer mit Ohrumschluss und Noise-cancelling-Funktion verfügt, sollte sicherheitshalber nicht am Tisch sitzen. Erfahrungsgemäß hilft es auch wenig, sich dort breitzumachen, wenn man als Erster am Tisch ist, und alles auszubreiten, was man dabei hat, um Geschäftigkeit vorzutäuschen und potenzielle Störer abzuschrecken; das provoziert andere nur, sich erst recht zu Ihnen zu setzen und ein Gespräch über Ihren schicken Laptop oder den missglückten Romananfang zu beginnen.

Besser also sind Sitze ohne Tisch, noch besser sind Einzelsitze, die es allerdings in ICE und IC und auch im Thalys fast nur in der ersten Klasse gibt; in der zweiten haben sie den Nachteil, dass sie direkt an der Abteiltür liegen und dort dem ständigen Auf und Zu ausgesetzt sind. Dennoch bieten sie das größtmögliche Maß an Zurückgezogenheit, das in einem Großraumwagen denkbar ist: Von allen anderen trennt einen der in der ersten extrabreite Gang. Und was den Tisch angeht: Der Laptop lässt sich auch gut auf dem kleinen Klapptisch an der Rückenlehne des Vordersitzes platzieren. Es gibt Menschen, die schwören so auf diese Plätze, dass sie lieber nicht fahren, wenn sie dort keinen Sitz mehr ergattern.

Noch drei Kleinigkeiten: Manchen Menschen wird schlecht, wenn sie rückwärts quer durch Deutschland fahren. Wer dazu gehört, tut gut daran, beim Reservieren auf die Fahrtrichtung zu achten. Allerdings sollten Sie, wenn Sie noch weiter fahren möchten, beachten, dass Frankfurt ein Sackbahnhof ist, in dem der Zug gezwungenermaßen seine Fahrtrichtung ändert – ebenso wie beispielsweise in Leipzig, München und (noch) in Stuttgart.

Und für viele Bahnfahrer ist es nicht unwichtig, ob sie am Fenster sitzen, wo man den Luftzug der Klimaanlage zwar mehr mitkriegt, aus dem man aber hinaussehen und sich wegträumen, vielleicht sogar richtig schlafen kann und weniger gestört wird, wenn der Sitznachbar ständig aufsteht und in Richtung Toilette verschwindet. Oder am Gang, wo man unkompliziert zigmal aufstehen kann, um selbst die Örtlichkeit aufzusuchen, aber sich auch laufend erheben muss, wenn der Nachbar mal wieder muss.

Wer hingegen Strom benötigt, muss zumindest im ICE keine faulen Kompromisse mehr eingehen. Vorbei sind die Zeiten, als die raren Steckdosen das Erste waren, wonach die hektisch in den Zug Stürzenden Ausschau hielten, als ergraute Manager im Anzug sich fast um die einzige Steckdose im Großraumwagen prügelten, nur um dann herauszufinden, dass sie keinen Strom führte, und gemeinsam über den hilflosen Zugbegleiter herzufallen. Im IC gibt es Strom zumindest in den Erste-Klasse-Abteilen und an den Tischen im Großraum. Allerdings fahren heute auch umgeflaggte ehemalige Interregio-Wagen in IC-Zügen mit, in denen noch nie Steckdosen vorhanden waren. Und im Nahverkehr verhält es sich etwa so wie vor zehn Jahren im ICE: Manchmal gibt es Steckdosen. Manchmal auch nur in der ersten Klasse. Und immer wieder funktionieren sie auch.

Übrigens: Wenn Sie keine Kinder im Zug dabeihaben, dann können Sie das folgende Kapitel nun wirklich überspringen.

### Last not least: Reisen Sie mit kleinen Kindern?

Zum ersten Mal hatte ich mit dem Kleinkindabteil zu tun, da war meine Tochter ein paar Monate alt. Ich fuhr mit ihr und meiner Frau zur Leipziger Buchmesse, wir hatten Tickets für die erste Klasse und hatten uns als kleine Familie an einem der Zweiertische eingerichtet: Meine Frau saß in Fahrtrichtung, ich entgegen, und zwischen uns auf dem Tisch in der Babyschale lag unser Kind und schlief brav. So lange, bis ein Zugbegleiter auftauchte, unsere Fahrkarten sehr intensiv kontrollierte und uns darauf hinwies, dass das Kleinkinderabteil weiter hinten sei. Ich erwiderte freundlich, das sei nett, aber nicht nötig. Woraufhin uns der Zugbegleiter zu meiner großen Überraschung nahelegte, dass es doch nötig sei. Ich fragte ihn, ob er scherze. Er sagte Nein, denn wir hätten ein Baby dabei, und das gehöre eben ins Kleinkindabteil, und darauf sollten wir beim nächsten Mal gefälligst achten. Am diesem Punkt hatte das Gespräch eine solche Lautstärke erreicht, dass unsere Tochter erwachte und zu schreien begann, das erste Mal auf dieser Reise, und sämtliche Klischees über Familien bestätigte, auch das des Zugbegleiters, dass kleine Kinder am besten separat aufgehoben wären, eben im Kleinkindabteil. Wie auch immer: Der zwiespältige Eindruck, der mir von der ersten Erwähnung dieser Lokalität blieb, verfestigte sich, als ich dieses Abteil konkret kennenlernte.

Nein, man soll nicht ungerecht sein: Grundsätzlich ist das Kleinkindabteil, das man als Angebot (und nicht als Verpflichtung!) für Familien mit Babys und Kleinkindern bis fünf Jahren in fast allen ICEs und vielen ICs vorfindet, eine wunderbare Einrichtung. Dort gibt es Sitzplätze, die man extra reservieren kann (die Familienreservierung kostet neun Euro) und einen Tisch zum Malen oder Spielen. Im Abteil, oder davor, lassen sich auch Kinderwagen abstellen, finden sich Steckdosen für Fläschchenwärmer und ein Wickeltisch, sofern der nicht in die Behindertentoilette nebenan verbannt wurde. In den ICEs ist die Ausstattung des Abteils, abhängig von der Baureihe des Zuges, sehr unterschiedlich. Manchmal kommt es eher nüchtern daher, manchmal mit Wipp-Motorrad und Spielwand eher wie ein rollendes Spielzimmer.

Manche junge Eltern lieben das Familienabteil: Man kommt rasch in Kontakt mit anderen jungen Eltern, kann Kochrezepte für selbst gemachte Babybreis austauschen und Tipps, wie man Stoffwindeln wieder makellos sauber kriegt, und ach ja: Das Kind hat jemanden zum Spielen. Und, das Beste: Es kann auch mal schreien, ohne der ganzen Familie strafende Blicke der Umsitzenden einzubringen, im Gegenteil: Die anderen Kinder schreien dann fröhlich mit.

Es gibt aber auch Eltern, die es stört, dass hier hemmungslos Viren und Bakterien ausgetauscht werden, dass Fußboden und Mal- und Spieltisch häufig voller Essensreste, Saftpfützen und Windeln sind, für die sich niemand der Anwesenden verantwortlich fühlt, und dass die Lautstärke der brüllenden Kinder in dem oft überbelegten Abteil selbst für Eltern eine echte Herausforderung darstellt.

Allerdings kann es auch sein, dass das Abteil von Kinderlosen okkupiert ist, die eigentlich auf Aufforderung Familien mit Kleinkindern Platz machen müssten, häufig jedoch nicht daran denken und dabei durchaus infantiles Verhalten an den Tag legen können. Wirklich uneingeschränkt dürften von den Familienabteilen wohl nur Großfamilien oder Eltern-Kind-Gruppen profitieren, die einfach das komplette Abteil für sich reservieren. Jenseits der ICEs ist es oft Glückssache, was man da als Kleinkindabteil vorfindet. Ich bin schon in einem IC mitgefahren, in dem sich dieses Abteil für die Familien von den anderen Abteilen lediglich durch den Kinderwagenplatz vor der Tür unterschied, und dadurch, dass es deutlich mitgenommener aussah als die anderen Abteile sowie als Einziges über keinen Sonnenschutz verfügte (damit die Familien es nicht so lange darin aushielten?).

Wer die Familienabteile der Deutschen Bahn durchhat, wähnt sich samt Kleinkind allerdings im siebten Himmel, wenn er die doppelstöckigen Familienwagen der Schweizerischen Bundesbahnen SBB erlebt. In denen gibt es ein ganzes Wagenobergeschoss mit Brettspielen für die Größeren und Rutschen und Tunnels für die Kleineren.

# Wie man nun zum Ticket kommt. Und vor allem: wo

Sie haben Ihr Gewissen gründlich erforscht und sind nun bestens vorbereitet. Sie wissen, ob Sie lieber einen Platz reservieren oder Ihr Glück auf die Probe stellen wollen. Sie wissen, welche Klasse die Ihre ist. Sie wissen sogar, ob Sie während der Fahrt Ruhe haben oder offen für Kommunikation sein wollen. Sie haben getestet, ob Sie Angst vor dem Rückwärtsfahren haben, und haben eine Ahnung, dass Sie durchgehende Verbindungen und ICEs bevorzugen könnten. Und selbstredend wissen Sie, wohin Sie fahren wollen.

Kurz: Sie sind bereit. Für den nächsten Schritt: die Buchung. Den ersten Kontakt mit der Bahn also. Und damit sind Sie schon mal weiter als sehr viele Nur-Autofahrer. Meinen Sie, an dieser Stelle zwischen den Zeilen ein gewisses bahnfahrertypisches Überlegenheitsgefühl gegenüber dem gemeinen Autofahrer herauszulesen? Hm, wenn Sie unbedingt wollen … Aber wir waren bei der Buchung.

## Im Reisezentrum geht heute alles. Außer Rheinblick

Der erste direkte Kontakt zur Bahn findet wie gesagt längst nicht mehr in demütig gebeugter Haltung durch die durchlöcherte messingfarbene Sprechklappe in der Bahnhofshalle statt. Auch nicht mehr unbedingt im Kundenzentrum. Obwohl – es gibt neuerdings Reisezentren, so die heutige Bezeichnung, bei deren Anblick wären die gebeutelten Bahnkunden von einst entweder »Halleluja!«-stammelnd in Tränen ausgebrochen oder hätten mit zynischem Lachen nach der versteckten Kamera gesucht. Solche Kur- und Überraschungsorte für altgediente Bahnreisende findet man mittlerweile in vielen größeren Städten. Wer beispielsweise das Zentrum am Hamburger Hauptbahnhof betritt, trifft als Erstes eben nicht auf das Ende einer ewig langen Schlange entnervter Kunden, sondern auf eine freundliche Rezeptionistin, die kurze Fragen (»Wieso ist das hier nicht der Bahnhof Dammtor?«) sofort beantwortet und einen dann freundlich in das weitere Prozedere einweist: Als Zweite-Klasse-Kunde geht man nach rechts und zieht an einem Apparat eine Nummer. Als Erste-Klasse-Kunde geht man ohne Nummernziehen gleich links durch zum Erste-Klasse/bahn.comfort-Counter – und kommt umgehend dran. Aber auch rechts dauert es im Normalfall nur ein paar Minuten, bis die Nummer, die man in der Hand hält, auf einer der elektronischen Tafeln zusammen mit der eines Bearbeitungsplatzes aufpingt. Diese Wartezeit kann man sogar auf einer gepolsterten (!) Bank verbringen. Oder, falls abzusehen ist, dass es wirklich mal länger dauert, im Shop nebenan einen Smoothie schlürfen.

Und dann ist es so weit. Hat die Ihnen per Nummernlos zugewiesene Servicemitarbeiterin oder der Servicemitarbeiter einen einigermaßen guten Tag und genügend schmackhaften Kaffee intus, wird ein wunderbares Verkaufsgespräch folgen – nein, keine Ironie: Ihr Gegenüber von der Deutschen Bahn kann Ihnen sämtliche Mühen der Buchung abnehmen und vielleicht noch einen Schnäppchenpreis finden. Und dazu über die Grafik, die als Draufsicht sämtliche Sitzplätze der meisten ICE-Verbindungen vieler ICs und der Railjet-Züge der österreichischen Bahn zeigt, exakt den Sitzplatz Ihrer Träume buchen, sofern er noch frei ist. Für ICE-Linien zeigt der Bahncomputer auch die Fahrtrichtung an, und wenn es wirklich ein guter Tag ist, verrät Ihnen Ihr Gegenüber von der Bahn auch, ob Ihr Zug irgendwo unterwegs einen Kopfbahnhof anfährt, den er naturgemäß nur rückwärts wieder verlassen kann, wodurch sich dann zwangsläufig für den Rest der Fahrt (oder bis zum nächsten Kopfbahnhof) die Fahrtrichtung ändert. Und weiß Abhilfe. Etwa eine Reservierung des gegenüberliegenden Sitzes ab Frankfurt oder Leipzig Hauptbahnhof. Sind Sie eingefleischter Fensterplatzreisender, und gibt es für Sie nichts Schlimmeres als die Vorstellung, Ihr Fensterplatz könne sich vor Ort als »Wandfensterplatz« herausstellen, Sie könnten also eine Fensterstrebe im Blick haben oder gar eine Wand (!), kann der freundliche Mensch von der Bahn sogar noch ein zweites Programm zurate ziehen, das Kursbuch, das die exakte Position der Fenster zeigt.

Auch für IC-Züge können Sie sich so exakte Plätze reservieren lassen. Allerdings: Bei ICs übermittelt das Programm noch keine Informationen, ob man in oder gegen die Fahrtrichtung bucht. Auch für Reisende, die es sehr wohl vertragen, gegen die Fahrtrichtung kutschiert zu werden, kann das bedauerlich sein. Zwar ist die

Deutsche Bahn nicht der Glacier-Express, dennoch existieren Strecken, etwa die Rheintal-Durchfahrt, wo es schön wäre, wenn man hundertprozentig auf der Rheinseite reservieren könnte. Bis die Bahn die Option »Rheinblick« gegen Aufpreis auch für den IC anbietet, bleibt nur, sicherheitshalber auf der einen Seite am Fenster zu reservieren und sich darauf einzustellen, sich bei Bedarf auf der anderen Seite im Gang herumzutreiben. Denn einen Stehplatz reservieren kann auch der Mensch von der Bahn nicht – und ist er im Lauf des Gesprächs noch so sehr Ihr Freund geworden.

### Geteiltes Paradies für wenige: die Lounge

Den meisten Bahnkunden mag das Reisezentrum samt der Wandelhalle des Bahnhofs vollauf genügen. Aber, und das wissen viele gar nicht, für einige von ihnen gibt es noch einen viel komfortableren Ort zum Warten. Einen Ort, abgeschirmt vom Lärm der Reisenden, mit kleinen Sitzgruppen, roten Ledersesseln, Sofas und Laptop-Arbeitsplätzen samt Steckdosen, Leselampen und kostenfreiem WLAN. Einen Ort, an dem Zeitungen und Zeitschriften ausliegen, zumindest im Prinzip, wo für unruhige Geister auf einem Bildschirm in der Ecke ein Börsen- oder Nachrichtensender läuft, wo es heiße und kalte Getränke gibt, fast immer auch eine Toilette, und all das ist kostenlos – nein, ich meine keine Versteckte-Kamera-Falle für ungläubige Bahnkunden, auch nicht die Business-Lounge am Flughafen. Aber etwas sehr Ähnliches: die DB-Lounge. An allen größeren und wichtigeren Bahnhöfen gibt es eine davon, mittlerweile sind es fünfzehn Stück.

Die erste eröffnete die Bahn schon 1997 am Haupt-bahnhof von Frankfurt (am Main, nicht an der Oder). Diese frühe Lounge war, in der Tradition der alten Warte-säle, noch für Reisende der ersten und zweiten Klasse ge-dacht. Im Zweite-Klasse-Bereich gab es unter anderem eine Bar und eine Spielecke, den Erstklässlern bot man einen Ruhebereich an, in dem sich auch Liegesessel und eine Arbeitszone mit Strom, Internetzugang (1997!) und Telefonen fanden. Es gab auch Konferenzräume, kurz: Dieser neue Wartebereich war damals State of the Art und hätte eine neue Bahnhofskultur etablieren können. Aber relativ schnell entschieden dann die Bahn-Oberen, nicht jedem einfachen Zweitklassreisenden Bar und Spiele anzubieten. Heute dürfen in die DB-Lounges, da sind die Empfangsdamen und -herren am Eingang streng, nur Inhaber einer Fahrkarte erster Klasse. Und bahn.bonus-comfort-Kunden, die Bahn-Vielfahrer. Eine Spezies, die, wie Sie oben gelesen haben, ja auch am Erste-Klasse-Fahrkartenschalter bevorzugt bedient wird und dafür trotz-dem nicht erster Klasse fahren muss, nur eben oft genug. Mehr dazu, wie man als einfacher Zweitklässler diesen offenbar begehrenswerten Status erlangt, steht weiter unten. Aber auch als Comfort-Kunde kommt man in der DB-Lounge nicht überall hin. In einigen der Luxus-warteräume gibt es noch ein Allerheiligstes. Hier sind die Fußbodendielen nicht aus Ahorn oder aus schnödem Holzimitat, sondern aus edler Wenge. Hier fließen nicht nur alkoholfreie, sondern auch alkoholische Getränke und werden – sogar am Platz! – kleine Snacks serviert, auch das kostenlos. Und natürlich: Dieses Paradies ist den Reisenden erster Klasse vorbehalten.

Was viele der Comfort-Kunden, die im Zweitklassbe-reich der Lounges warten müssen, auch deshalb schmerzt, weil die Bahn dazu neigt, kaum hat man sich an die kleinen Goodies gewöhnt und sein weiteres Berufsleben darauf ausgerichtet, endlich Bahn-Comfort-Kunde zu werden, diese Nettigkeiten flugs wieder einzusparen. Die Frankfurter Lounge ist vom Ambiente her immer noch eine der schönsten DB-Lounges, wenn nicht die schönste. Innen ist es licht und hell, man sitzt neben Grünpflanzen, und durch die Bogenfenster hat man Blick über die Bahnhofsgleise. Aber dort, wo man früher am Automaten seinen Kaffee in den Glasbecher zapfen konnte, stehen jetzt, kurz vor Fertigstellung dieses Buchs, Pappbecher (in einem Unternehmen, das damit wirbt, umweltfreundlich zu sein!). Und in den Regalen, in denen Magazine und Tageszeitungen liegen sollten, findet der Reisende jetzt oft – nichts. Karamellgebäck, Cantuccini und Eis gibt es schon lange nicht mehr. »Der Name Lounge ist auch übertrieben, schreibt doch ›Bahnhofsmission‹ drüber!«, wettert ein enttäuschter Mitreisender. Zumal man sich schon etwas anstrengen muss, die Aufmerksamkeit der Servicemitarbeiter zu bekommen, geschweige denn ihre Empathie. Absicht, mutmaßen manche Mit-Loungebenutzer, damit Zweite-Klasse-Comfort-Kunden, die in den ersten Jahren ein bisschen teilhaben durften an den sonst für die erste Klasse reservierten Merkmalen Luxus und Freundlichkeit, jetzt alles tun, um in die erste zu wechseln. Vielleicht doch keine Absicht, merkt man, wenn man es in den Bereich für die erste Klasse geschafft hat. Hier gibt es sie zwar, die Glasbecher, Zeitungen und Zeitschriften. Und hier kommt auch, kaum hat man sich niedergelassen, schnell jemand, um lächelnd nach dem Getränkewunsch zu fragen. Hat man den ersten Weißwein allerdings geleert, ist es enorm schwer, noch einen zweiten zu bekommen – oder wenigstens ein Wasser. Gibt es vielleicht bald noch eine neue Premiumklasse, in die man dann tunlichst wechseln soll?, könnte man nun wieder mutmaßen – wenn man nicht in der DB-Lounge am Berliner Hauptbahnhof schon wirklich guten und aufmerksamen Service erlebt und in der in München nicht besseren Lesestoff vorgefunden hätte. Was darauf hindeutet, dass hinter all dem weniger ein geheimer Plan steckt als bloßer banaler Zufall.

Dennoch, der Glaube, im Erste-Klasse-Bereich sei es generell besser, der Wunsch nach mehr Status, vielleicht auch die Hoffnung auf einen Gratis-Snack und Alkohol für lau scheint bei Zweiter-Klasse-Comfort-Kunden jede Menge Kreativität zu wecken. Ich durfte miterleben, wie ein Reisender gegenüber dem Zerberus am Eingang, der anhand der Tickets die Klassenaufteilung vornimmt, so tat, als könne er seine Fahrkarte erster Klasse nicht finden, und anfing, so lange dramatisch all seine Taschen zu durchsuchen, in der Hoffnung, der Torwächter werde sich erbarmen, bis dieser sagte, der Herr müsse sich keine Mühe machen, er habe ihn schon oft genug im Zweite-Klasse-Bereich gesehen. Der Herr errötete und verschwand. Eine andere Möchtegern-Erste-Klasse-Lounge-Kundin brach gleich zweimal in Tränen aus: Einmal, als sie vorgab, das Ticket sei ihr von einem Schwarzfahrer (!) gestohlen worden, und das zweite Mal, als ihr offenbar psychologisch geschultes Gegenüber der Bahn rüde sagte, diese lächerliche Ausrede höre sie mehrmals täglich. Und dann gibt es selbstredend auch hier die Pretender, die man von Flughäfen kennt, fast ausschließlich Herren mittleren Alters, gerne gut frisiert mit grauen Schläfen, die, ihren schicken alufarbenen Bordgepäck-Trolley hinter sich her ziehend, den Eingang der Lounge ansteuern, als hätten sie dazu alles Recht der Welt. Und hält der Mann von der DB sie auf, tun sie entweder so, als seien sie eben aus einem Traum erwacht und nun selbst höchst erstaunt, hier zu sein, wo sie doch eigentlich nur den Weg zum nächsten Zeitungsladen gesucht hätten. Oder sie versuchen es, ebenso vergeblich, auf die cheffige Tour. Jüngere Reisende, die unbedingt in die Lounge möchten, weil man im gesamten Bahnhofsbereich eigentlich nur dort einigermaßen ungestört arbeiten kann, sind da meist cleverer. Sie sprechen Alleinreisende an, die sich dem Eingang der Lounge nähern und aussehen, als seien sie Comfort-Kunden. Denn die – und nur die – dürfen eine Begleiterin oder einen Begleiter mit hineinnehmen. Es soll gar nicht wenige Paare geben, die sich so gefunden haben.

Die Deutsche Bahn könnte also vermutlich ein florierendes Zusatzgeschäft daraus machen, separate VIP-Eintrittskarten für die Lounges zu verkaufen – und tatsächlich, wenn das die Trickser und Pretender wüssten!, so etwas Ähnliches gibt es schon: Wer eine BahnCard hat und am Bahn-Bonus-Programm teilnimmt (also fast jeder häufiger mit der Bahn Reisende), kann für 750 Punkte drei Eintrittsgutscheine für das Reisendenparadies erwerben. Kann eine Begleitung umsonst mit hineinnehmen. Und – jüngere, viel arbeitende Reisende aufgepasst! –: Als Comfort-Kunde kann man für jeweils zehn Euro pro Person auch mehr als einen Begleiter ganz offiziell in die Lounge einladen. Vermutlich sollte man das in der Öffentlichkeit lieber nicht so bekannt machen, damit man in den Lounges auch künftig noch ein ruhiges Plätzchen findet. Am besten also, Sie vergessen, was Sie gerade gelesen haben. Und falls Ihnen das schwerfällt: Bitte geben Sie wenigstens dieses Buch nicht weiter.

Ach so: Die Angestellten an diesem erstrebenswerten Ort suchen einem selbstverständlich auch Reiseverbindungen heraus, reservieren Sitzplätze – und verkaufen Fahrkarten. Wer in der DB-Lounge ist, spart sich also sogar den Gang ins Reisezentrum, so modern es auch sein mag.

Allerdings gibt es neuerdings am Münchner Hauptbahnhof einen Ort, den langjährige erschöpfte Bahnreisende zweiter Klasse erst längere Zeit verunsichert umkreisen, bevor sie mit angehaltenem Atem wagen, ihn zu betreten, ungläubig darob, dass niemand sie daran hindert: einen Ort namens »Wartewelt«. Hier finden Kinder eine Spielecke vor, Erholungssuchende eine Warte-Lounge mit einer Labsal und Sauerstoff spendenden Wand aus Moos (ja, die Pflanze). Mittendrin kann man eine Brotzeit zu sich nehmen – und wie gesagt: »Man«, das heißt hier auch Bahnfahrer zweiter Klasse, ganz ohne Comfort-Punkte! Feldforschung, erklärt man den ungläubig Nachfragenden; was sich bewähre, wolle man auch anderswo umsetzen. Klingt toll: schöneres Warten für jedermann! Wo gab es das schon mal? Ach ja, in der ersten Bahn-Lounge in Frankfurt …

### Ticket im Zug, die Hotline und Shops, wo es alles gibt außer Tickets – weitere analoge Verkaufsorte

Wer nicht zu den happy few der Lounge-Berechtigten gehört oder wer von einem weniger bedeutenden Bahnhof zu seiner Reise aufbricht, dem kann es allerdings auch passieren, dass er zwecks Fahrkartenkauf in einem jener Reisezentren landet, die noch in der Tradition der alten Schalterhallen stehen. Was heißt: Es gibt einen oder mehrere Bahnmitarbeiter mit Kaffeetassen, oft hinter Glas. Und eine oder mehrere Warteschlangen. Keine Rezeption. Keine Wartenummern. Und keine Gnade, wenn die Frau mit der halben Brille sich vor Ihnen ausführlichst die schönsten Nebenstrecken durch den Westerwald erklären lässt und dann mit leuchtenden Augen um zwei, drei interessante Verbindungen an die Müritz bittet.

In dem Fall kann es sein, dass man heilfroh ist, wenn es eine Alternative gibt.

Sollten Sie es besonders eilig haben, können Sie natürlich in den Fernzügen der Bahn Ihre Fahrkarten zum »Bordpreis« kaufen. Dieser Bordpreis bedeutet für Fahrkarten im ICE oder IC seit August 2016 einen Aufschlag von 12,50 EUR und ist als Erziehungsgeld zu sehen: Die Bahn möchte, dass am liebsten fast niemand mehr so sein Ticket kauft, und wird das sicherlich auch erreichen. Zudem muss man damit rechnen, dass der Zugbegleiter einem keine Schnäppchenpreise verkauft. Und außerdem, das ist wichtig, muss man dem Zugpersonal »direkt« Bescheid geben, dass noch persönlicher Kartenbedarf herrscht. Manche Reisende melden sich erst, wenn es nicht mehr anders geht, sprich, jemand zum Kontrollieren durchkommt. Andere stellen sich sogar schlafend, tun, als seien sie ins Gespräch vertieft, oder ihnen fällt ein, dass sie dringend auf die Toilette müssen. Zugbegleiter mit ein bisschen Erfahrung lachen über solche erbärmlichen Tricks: Entweder sie fangen die Drückeberger schon ab, wenn diese scheinbar schmerzgebeugt an ihnen vorbeihuschen wollen. Oder sie warten vor der Toilettentür. Falls sie nicht rauskommen: Was denken Sie, warum Schaffner diesen Mehrkantschlüssel mit sich führen?

Und, ebenfalls wichtig: In den Nahverkehrszügen, also im IRE, RE, RB der Deutschen Bahn oder auch bei anderer Nahverkehrsanbietern, zum Beispiel dem Metronom, der Oberlandbahn oder dem Harz-Elbe-Express, oder auch in der S-Bahn gibt es keinen Bordpreis. Beziehungsweise: Der einzig mögliche Bordpreis ist das »Erhöhte Beförderungsentgelt«, vulgo: die Strafe fürs Schwarzfahren. Das Doppelte des Ticketpreises, mindestens aber sechzig Euro. Wer im Nahverkehr ohne gültiges Ticket einsteigt und nicht nachweisen kann, dass es wirklich nicht anders ging (siehe folgendes Kapitel), ist automatisch Schwarzfahrer, den der Kontrolleur festhalten darf, wenn er sich weigert, sich auszuweisen, und den er, eskaliert die Lage – eine subjektive und somit für den Fahrgast umso riskantere Entscheidung –, sogar am nächsten gott- und telefonnetzverlassenen Haltepunkt aus dem Zug werfen darf.

Im Zweifelsfall die günstigere, wenn auch weniger aufregende Alternative ist, nachsehen, ob es in der Nähe der Wohnung ein gut erreichbares Reisebüro gibt, das zugleich DB-Agentur ist, also Fahrkarten und Reservierungen namens der Bahn anbietet. Das tun mehr Reisebüros, als man denkt. Dort kann es allerdings passieren, dass einem der freundliche Besitzer für den Zielort noch ein paar beschilderte Wanderwege empfehlen will und dazu ein nettes Hotel. Außerdem besteht die Gefahr, dass die Frau mit der halben Brille und der Westerwald-Sehnsucht kurz vor einem den Laden betreten hat. Und überhaupt ist so ein gemütlicher kleiner Reiseladen nicht der geeignete Ort, um dort ein paar Mal im Monat hereinzustürzen und »Einmal Mannheim hin und zurück, zweite Klasse, Tisch, Ruhebereich in Fahrtrichtung, bitte schnell!« zu bellen.

Dann gibt es noch die DB ServiceStores. Geschäfte, die diese Banderole tragen, befinden sich tendenziell auf kleineren Bahnhöfen und können zugleich Backwaren und Kaffee anbieten, oder auch Zeitschriften, oder aber Getränkekisten, sind also Läden, in denen es je nach Vorliebe des Betreibers alles Mögliche gibt, und dazu Reiseauskünfte und Bahntickets. Es kann aber leider auch passieren, dass einem, wenn man in einem dieser Läden Kekse, eingepackte Brote, Kaugummi und Saft für die Reise zusammengesucht hat und dann nur noch das Ticket braucht, treuherzig erzählt wird, leider gehöre ausgerechnet der Ticketverkauf eben nicht zum Angebot dieses DB ServiceStores. Und der nächste Fahrplan hänge, wenn ihn nicht wieder mal jemand entfernt habe, ein Stück weiter an der finstersten Stelle der Bahnhofsunterführung.

Auf die ratlose Frage, warum dieser Saftladen sich denn dann überhaupt DB ServiceStore nennen dürfe, wird die mollige Besitzerin einen nur ebenso ratlos anstarren. Vielleicht kommt aber auch ein grobschlächtiger Zwei-Meter-Kerl aus dem Nebenraum und weist einem wortlos die Tür.

Gut möglich, dass man nach einer solchen Erfahrung beschließt, es doch einfach mit der guten alten Telefonhotline der Bahn zu versuchen. Eine Serviceeinrichtung, die ich früher häufig nutzte und an die ich zwiespältige Erinnerungen habe. Einerseits verbrachte ich halbe Abende damit, so lange in der Warteschleife zu hängen, bis ich endlich drankam. Andererseits passierte es mir bei mehr als einer Buchung, dass der Bahnmitarbeiter am anderen Ende, konfrontiert mit dem Wunsch nach einer Fahrkarte nach Berlin nebst einer Reservierung an einem Platz am Tisch in Fahrtrichtung, im Ruhebereich, aber mit Steckdose, sich meiner kurzerhand entledigte, indem er mich aus der Leitung warf. Oder nein, man darf ihm natürlich nicht unrecht tun: Vielleicht war es auch nur die Telefonleitung, die seine Anspannung merkte und sich selbst kappte, oder eine Buchungssoftware, die sich bei allzu anspruchsvollen Kunden von selbst einschaltete, um übermäßige Beanspruchung, also übergroßen Verschleiß von Bahnmitarbeitern, abzuwenden.

Die Menschen, die heutzutage unter der Rufnummer 0180 6 99 66 33 zu erreichen sind, mühen sich, wenn man sie denn erreicht hat, allesamt freundlich und redlich, das Versprechen einzulösen, 24 Stunden am Tag kompetenten Auskunfts- und Buchungsservice anzubieten. Allerdings kann den etwas geübteren Nutzer heutiger Kommunikationstechnik doch im Lauf des Buchungsvorgangs eine gewisse Ungeduld beschleichen, die vielleicht auch nur von dem starken Gefühl herrührt, dass die Frau mit dem Akzent vom anderen Ende Deutschlands am anderen Ende der Leitung, der man haarklein erklären muss, was man will, dann doch nur das verrichtet, was man selbst genauso gut könnte – nein, besser: Denn woher weiß man, ob sie im Wagenschema am Bildschirm wirklich alle Wagen durchgegangen ist, um nachzusehen, ob denn tatsächlich alle Einzelplätze schon weg sind, von denen man einen dringend zum Arbeiten benötigt? Und selbst wenn es noch einen Einzelplatz gibt: Woher weiß man, dass sie keinen Fehler macht und in der Eile nicht doch den falschen bucht?

Denn das Ticket erhält man, gegen Aufgeld, erst Tage später per Post.

Braucht man es schneller – oder will man sichergehen, es wirklich zu bekommen –, gibt es nur eins: zum Bahnhof zu fahren, dort an einem Automaten die Auftragsnummer einzugeben und sich die Fahrkarte auszudrucken. Und spätestens währenddessen taucht zwangsläufig die

Frage auf: Wenn man schon zum Bahnhof muss: Warum erledigt man nicht einfach alles am Automaten?

## Seit jeher eine Herausforderung: der Automat. Und jetzt neu: der Video-Halbautomat

Vielleicht ist der Automat ja auch ohnehin die einzige Option, die Ihnen am Bahnhof, an der Haltestelle oder dem Haltepunkt, von dem Sie abfahren wollen, zur Verfügung steht. An etwa 4000 Standorten im In- und Ausland finden sich geschätzte 7000 Automaten der Deutschen Bahn: Rot-graue Kästen, kaum zu übersehen, die in ihrer Wuchtigkeit wirken wie der Urtyp des soliden Fahrkartenautomaten überhaupt. Tatsächlich standen die ersten deutschen Fahrkartenautomaten Anfang der 1980er-Jahre im Osten des geteilten Deutschlands. Der »mikrorechnergesteuerte Fahrkartenautomat«, entwickelt an der Hochschule für Verkehrswesen in Dresden, besaß ein numerisches Sensor-Tastenfeld. Für den Zielbahnhof musste man eine Bahnhofskennziffer eingeben, die meist der Postleitzahl des Zielortes entsprach; die Kennziffern sämtlicher möglicher Zielbahnhöfe – da es sich um die DDR handelte, waren das nicht allzu viele – standen auf einer Tafel, die neben dem Automaten an der Wand hing. Dieses System war so praktikabel und unkaputtbar, dass viele dieser frühen Automaten auch nach der Wende im Osten Deutschlands bis 1995 von der Deutschen Bahn weiterbetrieben wurden.

Die Sorte DB-Fahrkartenautomaten, die man heute auch auf menschenleeren Stationen antrifft, sind in der Regel mit einem Touchscreen versehen und nehmen Scheine und eine Reihe von Kreditkarten. Außerdem können sie von innen elektrisch beheizt werden und funktionieren dadurch einwandfrei bis zu Außentemperaturen von minus 25 Grad, können also deutlich mehr Kälte ab als die meisten Züge der Bahn. Wird es ihnen dagegen »zu warm«, werden sie automatisch heruntergefahren. Wann es »zu warm« wird, dazu erhielt ich unterschiedliche Auskünfte, möglicherweise haben die Automaten da einen subjektiven Ermessensspielraum. Zugleich ist klar, dass dieses automatische Herunterfahren für jemanden, der an einem jener abgelegenen Haltepunkte einsteigt, an denen der Automat die einzige Möglichkeit zum Ticketerwerb darstellt, durchaus Unannehmlichkeiten mit sich bringen kann. Erfahrene Bahnfahrer neigen in solchen Fällen dazu, den Fakt, dass es selbst einem hartgesottenen Automaten aus Blech und Beton »zu warm« wird, als Warnung zu sehen, ihr Zug könne ähnlich empfinden, und fahren eher nicht.

Auch unter einigermaßen normalen Wetterbedingungen empfinden es viele Bahnreisende schon als unbequem, dass der Touchscreen nur aus einer bestimmten Höhe zu bedienen ist und er sich bei starkem Sonnenlicht nur schwer ablesen lässt. Es ist auch nicht jedermanns Sache, sich den Mantel oder das Sakko auszuziehen und über Kopf und Schultern zu hängen, damit man beim Herumtippen auf dem Screen etwas erkennt.

Dazu kommt: Die Gemeinschaft der Bahnfahrer ist kein großer Freund von Automaten. Es werden zwar jedes Jahr knapp 200 Millionen Fahrkarten über die Blechkästen verkauft, gleichzeitig aber stehen aufgrund jahrelanger Beschwerden seit Anfang 2006 in größeren Bahnhöfen sogenannte »Automatenguides« herum, meist jüngere Menschen in heiteren bahnroten Poloshirts, die automatenkritischen Kunden das Gefühl geben sollen, der

Kauf einer Fahrkarte an diesem Apparat sei ein Kinderspiel, und die jeden, der das nicht wahrhaben will, auch gerne zum Automaten begleiten, um mit ihm zusammen das Ticket zu ziehen – in Anbetracht dessen, dass die Bahn durch die Automaten eigentlich Personal einsparen wollte, etwas absurd.

Und dennoch: An Bahnhöfen, an denen es beides gibt, DB-Reisezentrum und Automaten, nehmen die meisten Bahnkunden lieber etwas längere Wartezeiten in Kauf und werden dann von einem Menschen bedient als sich dem Automaten zu nähern. Und wer es doch wagt, tut dies oft seufzend oder fluchend.

Sind diese Automaten für jemanden, der keine Berührungsängste mit der Technik hat, im Grunde nicht also die ideale Chance, schnell und umstandslos an ein Ticket zu kommen? Das mag durchaus richtig sein, wenn es darum geht, schnell eine Fahrkarte für den Regionalexpress zu ziehen. Anders sieht es aus, wenn man weiter weg verreisen möchte und vielleicht noch nach einem Sparpreis sucht. Theoretisch bietet der Blechkumpel all diese Optionen an, nur bei der Platzreservierung bekommt man leider keine Sitzpläne angezeigt.

Doch viele, die sich zum ersten Mal an den Apparat wagen, brauchen trotzdem länger, verfransen sich, klicken falsch. Und irgendwann ist es zu spät, und sie fahren entweder ohne Retourticket nach Passau oder brechen ab und donnern die Faust gegen den Automaten.

Etlichen Kunden behagt auch nicht, dass der Blechtrottel wissen will, ob sie Bahncardbesitzer sind oder nicht, und dass er sich ihre Fahrten merken will, wenn auch nur, damit sie sich beim nächsten Mal nicht mehr durch das ganze Menü hindurchklicken müssen. Wächst dann der Stress noch dadurch, dass jemand hinzukommt, der es eilig hat, ungeduldig hinter ihnen herumhibbelt, ihnen vielleicht sogar über die Schulter linst oder mit gepresster Stimme anbietet, schnell zu helfen, denn sein Zug fahre in drei Minuten, kommt es häufig zu dem, was Experten im Straßenverkehr als »Einparker-Abbruch«-Syndrom kennen: Auch wenn sie schon fast fertig sind, brechen viele Automatenbenutzer den Versuch, ein Ticket zu ziehen, ab, gehen weg, tun so, als müssten sie dringend den Abfahrtsfahrplan an der Wand auswendig lernen, und kehren zurück, wenn die Luft rein ist.

Auch die anderen fühlen sich am Automaten tendenziell beobachtet. Sie fürchten, jemand könne die Geheimzahl ihrer EC-Karte ausspähen oder ihnen Tasche, Koffer oder Rucksack entwenden. Weshalb sie entweder versuchen, das Gepäckstück in einer Hand zu behalten, oder es zwischen ihren Beinen und dem Automaten einklemmen. Mit erkennbar unwohlem Gefühl, völlig zu Recht, denn genau hier haben vorherige Benutzer Kaugummis und Zigarettenkippen entsorgt, hat sich der eine oder andere Alkoholisierte erbrochen. Und nicht nur Hunde nutzen den Schutz des Automaten, um ihr Wasser abzuschlagen.

Hat man sich endlich bis zum Bezahlvorgang vorgearbeitet, lauern weitere Hürden. Vielleicht nimmt der Automat keine Scheine mehr an. Oder der Kartenschlitz ist blockiert. Und immer wieder finden Vandalen es witzig, auch den Münzschlitz zu verkleben. In Summe wird das zum Problem.

Gibt es tatsächlich nur den einen Automaten, darf man dann auch ohne Ticket in den Zug steigen. Handelt es sich um einen ICE oder IC und spricht man direkt den Zugbegleiter an, hat man gute Chancen, dass einem auch der Aufschlag für den Fahrkartenkauf im Zug erlassen wird, sofern man belegen kann, dass der Automat tatsächlich defekt ist. Man sollte sich also die Automatennummer aufgeschrieben oder sie fotografiert haben. Auch vom verklebten Geldschlitz sollte man unbedingt noch ein Foto machen; die computerisierte Online-Störungsabfrage der Bahn, auf die auch die Zugbegleiter in den Zügen zugreifen, erkennt Vandalismusschäden nämlich nicht immer.

Im Regional- und Nahverkehr ist die Gefahr am größten, dass man Sie für einen Schwarzfahrer hält. Am allerbesten ist man hier dran, wenn man den defekten Automaten gleich bei der Störungsnummer der Bahn (0800-2886644) gemeldet hat. Das kostet auch wieder Zeit, aber im Zug haben Sie es dadurch wesentlich leichter. Denn weiß der Schaffner nichts von dem kaputten Gerät, händigt er Ihnen zwar ebenfalls ein reguläres Ticket aus, aber obendrein eine »Fahrpreisnacherhebung« über das Doppelte des Fahrpreises. Das ist an und für sich noch kein Grund zur Aufregung – diesen Schwarzfahreraufschlag muss man nur bezahlen, wenn die Bahn den angeblich defekten Automaten gesund und munter antrifft. Doch bei vielen Reisenden sorgt allein schon das Prozedere für Nervenflattern.

Der Nahverkehr hat übrigens noch eine weitere Apparatur zu bieten, die verklebt, verstopft, gefällt oder sonst wie vandalisiert sein kann: den »Entwerter«. Oft muss man ja nicht nur ein Ticket kaufen, sondern es danach »entwerten«, damit es auch gilt (eine berückende Logik und zudem genau der Art, wie man sie von der Bahn erwartet). Ist besagter Abstempelapparat defekt und alle anderen, die Sie im Laufschritt auf diesem Bahnhof vorfinden, ebenso, gilt das Gleiche wie beim Automaten: Wenn es sich belegen lässt, ist es nicht Ihre Schuld. Fotografieren Sie den Schaden und die Nummer des Kastens, steigen Sie ein, und stellen Sie sich selbstbewusst dem Kreuzverhör des Zugbegleiters.

Nur einen Fehler sollten Sie dabei ja nicht machen, sei es im ehrlichen Bemühen, als besonders mustergültiger Fahrgast zu gelten, sei es, weil Sie wirklich glauben, dem Zugbegleiter einen Gefallen zu tun: »Entwerten« Sie ihre Fahrkarte auf keinen Fall selbst! Mein Vater hat das einmal getan – nur einmal. Nachdem er sich auf einem kleinen oberbayerischen Bahnhof minutenlang mit dem einzigen vorhandenen Entwerter herumgeärgert hatte, der stets stempelte – und das dauernd! –, wenn er kein Ticket im Schlitz hatte, und sofort aufhörte zu stempeln, wenn jemand ein Ticket einschob, betrat er den einfahrenden Regionalzug, nahm Platz, nickte dem ebenfalls wieder einsteigenden Schaffer zu, zückte einen Kugelschreiber und vermerkte mit blauer Farbe Datum und Uhrzeit auf seinem Ticket. Er wollte in millimeterkleiner Schrift eben auch noch hinzufügen, was mit dem Entwerter auf dem Bahnsteig los war, da stürzte schon der Schaffner auf ihn zu und rief entsetzt, was er da tue. Er entwerte vorschriftsgemäß, erwiderte mein Vater erschrocken. Nein!, rief der Mann von der Bahn, er »entwerte« nicht, er mache die Fahrkarte »wertlos«. Somit habe mein Vater eine ungültige Fahrkarte, also müsse er ihm nun eine »Fahrpreisnacherhebung« ausstellen, so leid es ihm tue … Mein Vater war daraufhin so fassungslos, dass der Zugbegleiter Gnade vor Recht ergehen ließ: Er durfte an der nächsten Haltestelle aus dem Zug steigen, zum dortigen Automaten rennen, ein neues Ticket ziehen, zum fünfzig Meter entfernten Entwerter spurten, es dort entwerten, dann zurück zum Zug rennen, wieder einsteigen und dem Zugbegleiter die Fahrkarte vorzeigen, keuchend und schnaufend und unter dem Applaus der anderen Fahrgäste. Das Verblüffendste bei alledem war, dass der Zug tatsächlich auf ihn gewartet hatte.

Aber man kann Deutschlands größtem Transport- und Logistikunternehmen nicht vorwerfen, dass es die Nöte der Kunden am Automaten komplett ignoriere. Nein, bei der Deutschen Bahn scheint man sogar zu verstehen, dass das, was viele Kunden an den Blechkästen am meisten vermissen, der Faktor Mensch ist. Nun aber die Automaten wieder abzubauen und beispielsweise die Leute, die bisher als Automatenguides arbeiten, hinter Schalter oder sogar in ein unverglastes Reisezentrum zu setzen – sähe dies nicht aus wie eine Kapitulation? Also griffen die Bahnstrategen zu einem Kompromiss: Sie kreuzten Automat und Mensch. Heraus kam das Videoreisezentrum, das man in den DB-Reisezentren kleinerer Städte vorfindet, in Bad Neustadt, Bordesholm, Freiburg oder Bad Fallingbostel, also überall dort, wo man es nun wirklich nicht erwartet. Das Prinzip des Videoreisezentrums ist ganz einfach: Der Möchtegernreisende tritt in einer Nische vor das in eine Wand eingelassene Gerät, drückt eine Ruftaste, und auf einem von zwei Bildschirmen erscheint eine Angestellte der Bahn. Die sitzt in der Videozentrale im fernen Schweinfurt, und wenn man ihr sagt, dass man gern per Bahn nach Münster reisen würde, macht sie das, was sie auch machen würde, wenn sie einem gegenüber am Schalter säße: Sie sucht das hoffentlich beste Angebot raus, stellt das Ticket aus, reserviert den Sitzplatz. Beruhigend für misstrauische Naturen ist dabei, dass man auf dem zweiten Bildschirm jeder ihrer Handgriffe verfolgen kann. Ticket nebst Reservierung werden praktischerweise nicht in Schweinfurt ausgedruckt, sondern direkt vor einem, neben den Schlitzen, in die man Geld oder Karte schiebt, um zu bezahlen. Im Grunde also ist alles wie am Schalter, nur mit dem Unterschied, dass technische Störungen auftreten können. Man darf annehmen, dass außerdem geplant ist, die Menschen auf dem Videoschirm dann in einigen Jahren durch Avatare ohne Schweinfurter Zungenschlag zu ersetzen.

### Die Bahn ist längst digital, nur nicht jeder Zugbegleiter. Und es gibt (gab!) sogar ein ticketloses Bezahlsystem

Ich ahne, was Sie nach der Lektüre der vorherigen Kapitel nun vermutlich denken: Hat die Bahn eigentlich überhaupt verstärktes Interesse daran, dass die Menschen die Segnungen ihres Mobilitätsangebotes wahrnehmen? Und wenn ja: Gibt es nicht ein oder zwei Wege, einigermaßen zeitgemäß und umstandslos an sein Ticket zu kommen? Ja, natürlich, die gibt es. Und da es für die Deutsche Bahn keine Option ist, die Zahl ihrer Schalter und Schalterangestellten wieder zu erhöhen, laufen diese Lösungen auf das gleiche Phänomen heraus wie bei Ikea, bei der Erledigung von Bankgeschäften, beim Wechsel des Stromanbieters: Man macht es selbst. Man tut, allerdings ohne Bezahlung, so ziemlich genau das, was die in den Reisezentren und hinter den Schaltern verbliebenen Bahnangestellten tun, und führt ihnen damit zugleich vor Augen, wie gut es auch ohne sie geht. Man sucht sich online die passende Zugverbindung, den passenden Platz, stellt sich sein Ticket nebst Reservierung aus – nur die Kontrolle des Tickets im Zug ist bislang noch dem Bahnpersonal vorbehalten, wobei es sich gut vorstellen lässt, dass die innovativen Abteilungen des Konzerns längst an einem entsprechenden Konzept arbeiten. Dafür gibt es bei der Buchung auf www.bahn.de keine Öffnungszeiten, an die man sich halten muss, und man braucht auch nicht aus dem Haus zu gehen, kann also die Fahrt nach Berlin, Köln, Rosenheim, wenn man unbedingt will, auch in der Badehose oder gar völlig nackt buchen. Und Sparfüchse können auf der Startseite gleich zum Sparpreis-Finder wechseln, um abzuchecken, ob sich dort noch ein wahnsinnig günstiges Angebot verbirgt.

Das Onlineticket kann man sich dann gleich daheim ausdrucken, aber auch per Post schicken lassen, denn früher musste man es fein säuberlich ausgedruckt auf DIN-A4-Papier dabeihaben. Mittlerweile reicht es theoretisch, das Ticket auch als PDF auf Smartphone, Tablet oder Laptop mitzuführen, solange der QR-Code für den Scanner des Zugbegleiters lesbar ist. Allerdings gibt es immer noch Zugbegleiter, die das nicht wissen und unbedingt einen Ausdruck sehen wollen, sonst hat man ihrem Dafürhalten nach keine Fahrkarte dabei. Ungünstig, wenn man in dem Fall weder die aktuellen Beförderungsbedingungen noch einen tragbaren Drucker mit sich führt. Noch ungünstiger, wenn der Akku des mobilen Endgeräts leer ist. Denn dann hat man erst recht keine Fahrkarte dabei. Etwas umständlich ist auch, dass man zum Beweis, der rechtmäßige Besitzer des Tickets zu sein und dieses nicht etwa vorhin auf der Toilette einem anderen Reisenden abgenommen zu haben, noch ein Dokument zur Feststellung der eigenen Identität benötigt. Das klingt viel philosophischer, als es die Bahn verlangt; geeignet sind Zahlkarten, die Bahn-Card oder natürlich auch ein Ausweis – nur: Es muss dasselbe Stück sein, das man schon beim Kauf der Fahrkarte zwecks Identifikation angegeben hat. Ungünstig also, wenn man die Fahrt schon vor Monaten buchte und diese Identifikationskarte längst abgelaufen ist. Was die Bahn erstaunlicherweise gar nicht stören würde. Aber leider, man hat die alte EC-Karte längst kleingeschnitten und weggeworfen ...

Noch komfortabler und technisch nahezu auf der Höhe der Zeit ist die App DB Navigator fürs Smartphone. Gut, auch hier benötigt man eine weitere Identifizierungskarte (und natürlich ein Smartphone ...). Dafür aber kann man mit der App nicht nur die Bahnfahrt gleich vom Handy aus buchen, sondern erspart sich auch die Frage, ob man das Ticket nun ausdrucken soll oder nicht: Man hält es einfach auf dem Display des Smartphones dem Zugbegleiter zum Scannen hin. Es gibt noch eine nette kleine Funktion, die sich über die App, aber auch beim Buchen über den Computer einstellen lässt: den Verspätungsalarm, der sich per Mail oder per SMS meldet. Man sollte allerdings wissen, dass dieser Alarm eine Verspätung erst ab zehn Minuten für eine solche hält.

Da man bei der Buchung am Computer und bei der am Smartphone Adress- und Zahlungsdaten hinterlegen kann, lässt sich auch der am Schalter und am Automaten so zeitraubende Prozess des Bezahlens stark abkürzen. Aber, sagen Sie nun vielleicht: wieso nur abkürzen? Und was soll das zusätzliche Dokument zur Identifikation? Wenn man selbst bei Aldi schon mit dem Smartphone bezahlen kann, nur indem man es an einen sogenannten Kontaktpunkt hält – wieso gibt es so etwas noch nicht bei der Bahn? Ein Ticket, eine App, mit dem/der man einfach nur losfahren muss?

Doch, das gibt es. Längst. Und dass Sie das nicht wussten – und ich bis vor Kurzem auch nicht –, lässt tief blicken. Aber von Anfang: »Eine App. Keine Tickets.

Einfach nur losfahren« wirbt die Deutsche Bahn für ihr Sorglos-Angebot Touch&Travel. Die App gibt es zum Download im App Store (iOS) und im Android Market, man registriert sich unter www.touchandtravel.de, nimmt tapfer eine Bonitätsprüfung hin. Und dann geht es los: Am Bahnhof halten Sie Ihr Smartphone kurz vor einen Touch&Travel-Kontaktpunkt (»Touch«), werden über Funk automatisch zur Fahrt angemeldet oder geben kurz einen Code ein. Und steigen dann in den Zug (genau: »Travel«). Ohne Fahrkarte. Sie fahren, so lange Sie wollen, müssen oder können. Und wenn Sie umsteigen müssen, von ICE in die Regionalbahn, die S-Bahn, die U-Bahn, die Straßenbahn, den Bus und dann wieder zurück in den ICE, dann machen Sie das einfach. Wieder ohne Fahrkarte, und auch, ohne sich noch mal anzumelden. Es ist ein Gefühl der Freiheit, das man sonst, zu einem weit stattlicheren Preis, nur mit der Bahncard 100 erlebt. Touch&Travel-Nutzer berichten, dass es anfangs längere Zeit gedauert habe, bis sie nicht mehr zusammengezuckt seien, wenn ihnen in der Bahn ein Zugbegleiter begegnete. (Dem zeigt man dann einfach das Handyticket auf dem Smartphone.) Nur wenn Sie wirklich am Ziel sind, müssen Sie sich über die App wieder abmelden – fertig. Touch&Travel funktioniert im Fernverkehr, in einigen Nahverkehrsverbünden, angeblich sogar in der Berliner S-Bahn und im Ausland. Bezahlt wird im Nachhinein per Lastschrift. Das System berücksichtigt dabei Bahn-card-Rabatte, errechnet sogar, ob Sie bei Ihren sinnlosen Ich-will-den-Typen-möglichst-schnell-vergessen-Fahrten quer durchs Rhein-Main-Gebiet mit Einzelfahrkarten oder einer Tageskarte günstiger gefahren wären, und bucht nur das Geld für die günstigere Variante ab. Traumhaft, was?

Und jetzt kommt der Pferdefuß: Sparangebote bei den Fahrpreisen werden bei alledem leider nicht berücksichtigt. Sitzplätze kann man auch nicht reservieren. Und nutzen können den Dienst nur diejenigen, deren Handys im Netz von Telekom und Vodafone funken. Außen vor bleiben auch die Nutzer von Smartphones mit Windows Phone 7, Blackberry-OS oder Symbian. Und das Abmelden nach Ende der Fahrt wird vor lauter Freude über die neue Leichtigkeit des sorglosen Reisens gerne mal vergessen, woraufhin der Gebührenzähler noch mal weiterläuft. All das, vielleicht auch die leisen Zweifel der Kunden, ob denn das System wirklich immer korrekt ab- und den günstigsten Preis errechne, dürften die Gründe sein, weshalb sich nur um die 100 000 Kunden für Touch&-Travel begeistern konnten. Vor einigen Monaten gab die Deutsche Bahn bekannt, dass sie das System zum Jahresende 2016 einstellen werde.

Interessanterweise aber kündigte Bahnchef Rüdiger Grube dann einige Zeit später in einem Gespräch mit der »Wirtschaftswoche« an, dass sein Unternehmen »mit Hochdruck« an einer »übergreifenden nationalen Mobilitätskarte« arbeite, für Züge, Busse, auch für Leihfahrräder und Taxis: »Am Monatsende gibt es dann eine Rechnung wie fürs Telefon. Und der Kunde hat die Garantie, dass das System stets den günstigsten Tarif abrechnet.« Möglicherweise tüftelt die Deutsche Bahn also schon längst an einem viel besseren Ersatz für »Touch&-Travel« (Tipp: diesmal Sparpreise nicht vergessen!) Es ist aber nicht auszuschließen – die Deutsche Bahn ist ein Riesenkonzern, und ein Bahnchef hat viel zu tun –, dass auch Herr Grube noch nie etwas von Touch&Travel samt dessen Schicksal gehört hat.

## Was kostet der Spaß?
## Oft viel weniger, als man glaubt

Viele Bahnreisende haben immer noch das Gefühl, die Preise der Deutschen Bahn seien zu hoch und deren System so verwirrend, dass man am Ende doch besser Auto fahre. Denn erstaunlicherweise herrscht beim Zugfahren, so formulierte Otmar Lell, beim Bundesverband der Verbraucherzentralen für die Bahn zuständig, in der »Welt«, »immer noch die Erwartung: ein Zug, ein Preis«. Das gilt in der Realität im Fernverkehr gerade noch für die Sitzplatzreservierung. Ansonsten ähnelt das Preissystem der Bahn aber längst dem von Lufthansa, Eurowings oder Air Berlin: Zum einen sind da die Standardpreise ohne Zugbindung, die sich bis zum Reiseantritt kostenlos stornieren lassen, die man mit der Bahncard 50 halbieren kann und auf die es mit der Bahncard 25 einen Rabatt von 25 Prozent gibt.

Daneben gibt es Sonderangebote, die jeweils nur für einen Zug gelten und die sich bis einen Tag vor Fahrtantritt nur gegen Gebühr und dann gar nicht mehr stornieren lassen. Und manchmal kann man auch beide Preiswelten miteinander kombinieren.

Aber gleich als Warnung: Wer den Anspruch hat, dieses Preisgefüge durchschauen und genau wissen zu wollen, warum ein und dieselbe Strecke einmal 474 Euro kostet, einmal 136 Euro und einmal nur 72, der wird scheitern; die Algorithmen und die Logik der Preiskontingente bei den Fluglinien sind schließlich auch nicht hundertprozentig zu verstehen. Hat man sich jedoch einmal darauf eingelassen, kann der Gedanke, etwas mal nicht verstehen zu müssen, auch sehr beruhigend sein. Denn alles, was man in Wirklichkeit wissen muss, ist, wie man an den besten Preis für seine Bahnfahrt kommt.

### Ein bisschen Taktik: vom Suchen und Finden des günstigsten Preises

Wer nicht von einem Tag auf den anderen losreist, sondern länger planen kann und dazu keine ideologischen Bedenken hat, sich auf einen Zug festzulegen, ist im Regelfall ein Kandidat für die Sparangebote der Bahn.

Und, das ist die eherne Regel: Er sollte sich so früh wie möglich um seine Karte kümmern. Das machen selbst langjährige Bahnfahrer noch falsch: Sie buchen ein paar Tage, vielleicht auch ein, zwei Wochen vor Antritt ihrer Fahrt. Und beschweren sich dann bitterlich, dass die Bahn so teuer und die Schnäppchenangebote ihren Namen nicht wert seien. Fragt man sie dann, wieso sie denn das Ticket für das alljährliche Familientreffen nicht eigentlich schon vor Monaten gebucht hätten, sehen sie einen verblüfft an: »Macht das denn einen Unterschied?«

Ehrlich gesagt: ja. Ein paar Wochen vor Fahrtantritt können die günstigsten Tickets längst vergeben sein. Drei Monate, ab Ende 2016 ein halbes Jahr im Voraus schaltet die Bahn ihre Sparangebote frei. Immer wieder bietet sie besonders günstige Schnäppchenkontingente für neunzehn oder 29 Euro auf Fernverbindungen an. Wartet man zu lange, sind die billigsten Fahrkarten schon weg, und das nächste, eine Stufe teurere Kontingent ist dran. Schade eigentlich, denn, so errechnete das Verbrauchermagazin »Finanztip«, der Sparpreis kann glatt bis zu drei Viertel günstiger sein: Eine Fahrt von Frankfurt nach Berlin, die auf dem Onlineportal der Bahn für den nächsten Tag zwischen 101 und 115 Euro in der zweiten Klasse kostete, war drei Monate vorher noch für 29 bis 51 Euro zu haben. Aus finanzieller Sicht spricht also alles dagegen, sich erst am vorletzten Urlaubstag zu entscheiden, ob man schon um 13.45 oder erst um 16.35 Uhr in Richtung Heimat fahren will. Nach einer Untersuchung des Verkehrsclubs Deutschland (VCD) zahlen Bahnfahrer, die kurzfristig buchen, im Schnitt zwei Drittel mehr als Reisende, die das drei Monate vorher erledigen.

Und, auch das ist wie beim Fliegen: Wer ein bisschen flexibel mit seinen Reisezeiten ist, kann besonders sparen: Am Dienstag, Mittwoch und Samstag kostet Zugfahren im Schnitt am wenigsten. Der teuerste Bahntag ist der Sonntag. Und gibt es für die zweite Klasse keine Sparpreise mehr, lohnt es sich, nachzusehen, ob das denn für die erste auch gilt. Auf www.bahn.de findet man die günstigen Karten noch einfacher, wenn man den Sparpreisfinder auswählt. Dort tauchen bisweilen günstige Tickets auf, die in der normalen Suchmaske gar nicht mehr vorkommen. Billige Fahrscheine gab es in der Vergangenheit auch bei Lidl, l'tour oder auf Fernbus-Portalen – Letzteres zur Empörung von Bahnreisenden, die es nicht in Ordnung fanden, dass die Bahn hier Preise aufrief, die ihnen beim Buchen auf der Bahn-Webseite vorenthalten blieben.

Wer keinen Sparpreis bekommt – obwohl deren Zahl wegen des Preiskampfes mit den Fernbussen zunimmt – oder sehr kurzfristig losfährt, dem bleibt der Normalpreis. Der heißt jetzt, wie beim Fliegen, Flexpreis. 123 Euro kostet eine einfache Fahrt von Berlin nach Frankfurt in der zweiten Klasse. Hin und zurück sind das 246 Euro. Das mag sich nach viel Geld anhören. Aber auch dieser Preis lässt sich stauchen. Mit der Bahncard 50 kostet die Fahrt nur noch halb so viel. Gut, Sie haben recht, auch die Bahncard kostet, vor Drucklegung dieses Buches waren es 255 Euro im Jahr. Aber wenn Sie in diesem einen Jahr nur zweimal Berlin-Frankfurt und zurück fahren, haben Sie den Preis schon fast wieder drin, und ab der dritten Strecke sind Sie, wie heißt es so schön, im Bonusbereich. (Und übrigens, Sie dürfen natürlich auch andere Strecken als Berlin-Frankfurt … – ah, das wussten Sie?!).

Wem die Bahncard 50 trotzdem zu teuer ist und wer nicht immer so kurzfristig losreist, der sollte über die Bahncard 25 nachdenken. 62 Euro kostete sie Mitte 2016 in der zweiten Klasse pro Jahr. Sie bringt auf jeden Fahrpreis ein Viertel Rabatt, wodurch man auf der einfachen Strecke Berlin-Frankfurt 30,75 Euro spart – und nach der Rückfahrt den Anschaffungspreis der 25er-Karte schon drin hat. Ab jetzt ist jede weitere Fahrt also ein Jahr lang um ein Viertel günstiger. Das ist nicht viel, finden Sie? Mag sein. Aber wenn Sie nicht zu den Leuten gehören, die spontan in den Zug springen, dann wird die Bahncard 25 zum Burner. Denn, wie neuerdings auch mit der Bahncard 50, bekommt man mit der 25er ein Viertel Rabatt auch auf die Sparpreise. Buchen Sie Ihr Ticket von Berlin nach Frankfurt also eine Woche im Voraus, kostet die einfache Fahrt mit Bahncard 25 dann beispielsweise nur noch 59,25 Euro. Das ist weniger als die Hälfte des normalen Preises und übrigens auch schon weniger, als die Strecke mit Bahncard 50 kostet. Können Sie Ihre Fahrt drei Wochen im Voraus planen – und buchen –, erwischen Sie zum Beispiel schon eine Fahrt im ICE Sprinter für 44,25 Euro; und wenn Sie schon drei Monate im Vorhinein genau wissen, dass in Frankfurt die Hochzeit Ihres Lieblingscousins Tobi stattfindet, schießen Sie ein reduziertes Sparpreis-Ticket für sage und schreibe 14,25 Euro. Nehmen Sie dann noch als Berliner Ihre fünf Kinder für lau mit (mehr dazu unten) – ein Fest!

Es gibt auch immer Sonderangebote bei den Bahncards. Die 25er konnte man Mitte 2016 auch auf Probe haben, für drei Monate und für nur neunzehn Euro. Angenommen also, man ist eigentlich Bahnhasser und konvertiert immer nur vor den Ferien, weil man dann für die vier Fahrten quer durchs Land mit der Family jeweils das Dreifache der Zeit im Stau stehen würde: voilà! Und wer Schüler, Student oder über sechzig ist, und wer eine Partnerin oder einen Partner mit Bahncard hat, bekommt die regulären Karten noch mal günstiger. Mit denen können Bahncard-Besitzer am Reisetag übrigens auch den öffentlichen Nahverkehr am Start- und Zielort nutzen.

Bahnfahren soll teuer sein? Es kommt immer drauf an.

Wer ein Jahr lang nie wieder Bahntickets kaufen will, der legt für die zweite Klasse 4090 Euro hin oder für die erste 6890 Euro (Stand Mitte 2016) oder zahlt im Abo 379 respektive 639 Euro im Monat und bekommt sie: die schwarze Karte mit der integrierten Flatrate für Fern- und Nahverkehr. Zugegeben, sie lohnt sich erst so richtig, wenn man fast täglich ein paar Stunden in der Bahn sitzt oder seinen Hauptwohnsitz gleich dorthin verlegt. Aber immerhin liegt ihr Preis unter den Kosten der meisten Autos. Nicht zu vergessen der Status: Wer bei der Ticketkontrolle lässig die Schwarze zückt, der erntet respektvolle Blicke der Mitreisenden. Er kann auch pro Werktag ein Gepäckstück vom Gepäckservice der Bahn kostenfrei von Tür zu Tür transportieren lassen, nimmt selbstredend am Bahn-Bonus-Programm teil und hat automatisch den Comfort-Status, kann also Lounges nutzen und sich ohne Reservierung in Zügen auf Plätze im Comfort-Bereich fallen lassen (mehr dazu später).

Will man sich darauf nicht verlassen, merkt man dann, dass die Platzreservierung im stolzen Kartenpreis nicht inbegriffen ist. Gerade dieser Preis aber veranlasst viele Besitzer der Black Mamba, sich die 4,50 Euro für die Reservierung dann doch zu sparen und sich einfach auf irgendeinen Platz zu setzen. Will irgendjemand einem diesen streitig machen, zückt man souverän die Schwarze und murmelt etwas von »Member im Einsatz, alles klar?!«. Aber welche Schmach, wenn der andere sich stur stellt und man schließlich, als Angehöriger der reisenden Upperclass, von einem für lächerliche 14,25 Euro Reisenden vertrieben wird – nur weil der reserviert hat!

Kommen wir noch einmal zu den Freuden des unteren Preissegments: Im Nahverkehr gibt es auch schicke Angebote für alle, die viel Zeit haben und keine Angst, beim Umsteigen verloren zu gehen. Mit dem »Schönes-Wochenende-Ticket« reisen bis zu fünf Erwachsene oder maximal zwei Erwachsene mit beliebig vielen Kindern beziehungsweise Enkeln ab vierzig Euro in allen Nahverkehrszügen der Deutschen Bahn, den S-Bahnen und auch bei anderen Bahnanbietern. Samstags oder sonntags von jeweils 00.00 Uhr bis 03.00 Uhr des Folgetages kann man so weit fahren, wie man kommt, von Basel bis Leipzig braucht man mit vielen Umstiegen beispielsweise gut zwölf Stunden. Okay, es gibt ein paar Regeln: Die erste Klasse ist tabu. Nach Antritt der Fahrt darf die Gruppe nicht erweitert und es dürfen auch keine Personen ausgetauscht werden; ob die unterwegs reiseerkrankte und jammernde Oma allein deshalb die ganze Strecke mit nach Leipzig muss, ist ein Fall, der unter Schönes-Wochenende-Reisenden immer wieder diskutiert wird. Und weil ein Weiterverkauf des Tickets (oh, die Bahn kennt ihre Wochenend-Klientel!) verboten ist, muss man vor Antritt der Reise auf der Karte die Namen sämtlicher Mitreisender eintragen. Dafür – ohne dem Kapitel zu Hunden in der Bahn vorgreifen zu wollen – darf man einen der Mitreisenden auch durch einen Hund ersetzen. Der Name des Hundes muss allerdings auch auf dem Ticket stehen. Für wochentägliche Kleingruppenreisen gibt es das Quer-durchs-Land-Ticket. Und auch innerhalb der einzelnen Bundesländer existiert eine Fülle ähnlicher Tickets.

Wer häufiger Zug fährt, merkt überhaupt: Die Deutsche Bahn hat ein Herz für Gruppen von Reisenden, je größer die Gruppen, desto größer das Herz, auch weil sich so die Plätze in den Zügen viel effizienter füllen lassen als mit zickigen Einzelreisenden. Dafür ist die Bahn sogar bereit, tolle Preise springen zu lassen. Ab neunzehn Euro pro Person in der zweiten und ab 29 Euro in der ersten Klasse können sechs bis 99 Personen deutschlandweit verreisen. Dazu gibt es ein Reiseschutzpaket oder eine Reiserücktrittskostenversicherung, Tickets für den öffentlichen Nahverkehr, je nachdem noch die Kurtaxe und, man weiß ja nie, wie der Alkohol in der fremden Stadt anschlägt, einen 24-Stunden-Notrufservice.

Die zweite Gruppe, auf die die Bahn setzt – und umgekehrt – sind die Pendler. Auch wenn es nicht so aussieht: Diese Gruppe ist weit größer als die der Just-for-fun-Reisenden. 26 Millionen Deutsche, manche sprechen gar von dreißig Millionen, pendeln täglich, wöchentlich oder seltener teils Hunderte Kilometer vom Heim zum Arbeitsplatz und wieder zurück. Zu ihnen gehört übrigens auch Bahn-Boss Rüdiger Grube. Das Leben und Leiden derer, die »Deutschlands größten Volkssport« betreiben, hat mein »ZEIT«-Kollege Claas Tatje, selbst Pendler, in seinem »Fahrtenbuch des Wahnsinns« geschildert, und er rechnet vor, dass sich trotz Pendlerpauschale die Pendelei mit dem Auto überhaupt nicht lohnt. Nur einer der Gründe, weshalb es für so viele Pendler lediglich ein Fortbewegungsmittel gibt, um von A nach B zu kommen: die Bahn. Sie hat für Pendler Wochenkarten, Monatskarten und dauerreservierte Plätze im Angebot – sind Sie selbst Pendler, wissen Sie das natürlich längst. Sind Sie keiner, also nicht auf gefühlten Gedeih und Verderb darauf angewiesen, dass Ihr täglicher Zug einigermaßen pünktlich ist, dass der Umstieg klappt, dass es im Sommer nicht so heiß ist, im Winter nicht so viel Schnee fällt und vor allem, dass auf dem Platz neben Ihnen kein Knoblauchwurstesser sitzt: Seien Sie froh. Heilfroh! Was erzählte Tatje, der pendelnde Entwicklungshelfer? »Pendeln ist anstrengender als das Leben in Indien, Nigeria, Ecuador und Mexiko.«

### Sonderfall Kind – das große Herz der Bahn

Ein Kind – ein Sonderfall? Nein, um Sie nun gleich zu beruhigen: Wenn Sie einmal das Kleinkindabteil hinter sich haben (bei manchen Eltern dauert das circa zehn Minuten), ist Bahnfahren mit Kindern immer noch ziemlich günstig. Oder anders gesagt: An wenigen Orten zahlt sich Kinderreichtum so aus wie in der Bahn.

Bis zum Alter von sechs Jahren reisen Jungs und Mädchen in der Deutschen Bahn kostenlos und ohne Ticket. Und bis zum 15. Geburtstag fahren sie mit Eltern oder Großeltern weiter kostenlos, wenn man sie bei der Buchung mit angegeben hat – aber Achtung: Hat man sich bei seinen Kindern verzählt und will dann eins oder zwei noch im Zug nachträglich eintragen lassen, bekommt man Probleme. Ansonsten gelten die Vergünstigungen sogar für die sakrosankten Sitzplatzreservierungen: Eltern/Großeltern und bis zu drei Kinder können per Familienreservierung ihre Plätze sichern; für insgesamt nur neun Euro.

Und ist die Kinderschar noch größer, lohnt sich das Bahnfahren umso mehr, denn es gibt die DB Familienkarte, inoffizielle Nachfolgerin des 1992 abgeschafften Wuermeling-Passes (benannt nach dem ehemaligen Familienminister Franz-Josef Wuermeling). Der Pass, umgangssprachlich auch Karnickelpass oder Karnickelschein genannt, bescherte Mitgliedern kinderreicher Familien seit Adenauers Zeiten den halben Fahrpreis. Die DB Familienkarte aber ist noch besser: Hier lassen sich bis zu acht Sprösslinge eintragen, und hat man das einmal geschafft, gilt für die Kids nicht nur der obige Nulltarif, nein, man kann für alle acht zuzüglich zwei Erwachsenen, also für insgesamt zehn Leute ebenfalls per Familienreservierung (Preis siehe oben) reservieren. Jedes Kinder reist dann also für neunzig Cent inklusive Sitzplatzgarantie – Konditionen, bei denen so manche schnäppchenbewusste Bahnreisende darauf verfallen, die eigene Familienplanung vorzuziehen oder gar das Singledasein über den Haufen zu werfen und sofort einen potenziellen Partner kennenzulernen, damit sich Bahnfahren fortan noch mehr lohnt – vielleicht sogar gleich im Zug; eine Gemeinsamkeit hat man dann ja schon mal.

Und ist das alles glücklich gelungen und muss man seine Kinder später mal alleine mit der Bahn verschicken, nach Frankfurt oder Ingolstadt zu Oma und Opa, fahren die Kids selbst dann noch für den halben Preis. Vermutlich sind die Züge der Deutschen Bahn bei diesen Rabatten nur deshalb nicht schon längst zum permanenten Aufenthaltsort kinderreicher Familien geworden, weil es so unmöglich ist, den Automaten am Bahnhof ein Familienticket zu entlocken.

Und dann sind da noch die Kinderbetreuer-Teams der Deutschen Bahn: An Ferienwochenenden und mittlerweile auch an anderen Wochenenden, wenn viele Familien per Zug unterwegs sind, können Eltern ihre Kinder im ICE bei netten jungen Frauen in reizenden roten Bahn-Poloshirts abgeben, die an eigens reservierten Tischen lächelnd und mit einer solchen Engelsgeduld mit den Kleinen malen, basteln oder ihnen vorlesen, dass auch so mancher Vater, der die nervigen Kiddies eigentlich nur »abwerfen« wollte, vorgelesen haben möchte. Obwohl sich daraus schon das eine oder andere Ehedrama entwickelte: Für viele Familien am Rande des Nervenzusammenbruchs – und mehr noch für die anderen Fahrgäste – waren die Kinderbetreuer bislang die Rettung. Umso erstaunlicher, dass manche Eltern von der Existenz der roten Engel immer noch nichts wissen. Fängt in Ihrem Abteil eine Rotte also an, die Trommelfelle der Mitreisenden über die Schmerzgrenzen hinaus zu beanspruchen oder das Innere des Wagens zu zerlegen, hilft vielleicht der dezente Hinweis auf die Existenz der netten jungen Frauen am anderen Ende des Zuges. Und selbst wenn es dort kein Betreuungsteam gibt: Bis die Kids wütend zurückkommen, hat man eine unbezahlbare Dreiviertelstunde Ruhe; sofern sie auf dem Rückweg noch das Bordrestaurant überfallen, sogar noch eine halbe Stunde mehr. Es sei auch schon öfter vorgekommen, so hört man, dass selbst Eltern die Verschnaufpause vom Nachwuchs dermaßen genießen, dass sie beim Aussteigen vergessen, ihre Kinder im Zug überhaupt dabeigehabt zu haben (zumindest behaupten sie das später). Und das, obwohl die Bahn in solchen Fällen darauf verzichtet, den Fahrpreis für allein reisende Kinder zu erheben.

In Nicht-ICEs fahren zwar keine netten Betreuerinnen mit, allerdings können sich Kinder, die mit ihren Eltern unvorbereitet aufgebrochen sind, auch dort im Bordbistro ein Magazin namens »Leselok« abholen; es gibt eine Kinderfahrkarte, ein Kritzelbuch und eine eigens von Experten entwickelte knuffig-dynamische Spielfigur namens »Der kleine ICE« (raten sie mal, wie die Figur aussieht! – genau), die auch in den Comics in der »Leselok« auftaucht. Dieser kleine ICE hat mittlerweile schon Freunde bekommen, als da wären Benni IC Bus, Nick Nachtzug und das (erste) Intercity-Mädchen Ida IC. Wie es aussieht, könnte es also irgendwann, theoretisch, »ganz kleine ICE/ICs« geben, die sich bei einer netten roten Babsi Betreuungsteam abgeben lassen …

Für größere Kinder – und deren Väter – gibt es den kleinen ICE auch als lustige App fürs Smartphone und Tablet, bei der man in 3D-Optik erst Bahnschienen verlegt und Bahnhöfe verbindet und dann die ICE-Figur, je nach Belieben mit Raketenantrieb oder mit Hasenohren, durch ganz Deutschland kurven lässt. Und sollten Sie nun grinsen, schmunzeln oder den Kopf schütteln, tun

Sie es nicht: Es gibt mittlerweile nicht nur Kinder, die so vernarrt sind in den »kleinen ICE«, dass sie zig von den Dingern zu Hause haben, sondern selbst Eltern, die ihre Kinder zum Fasching in liebevoll selbst geschneiderte »Kleiner-ICE«-Karnevalskostüme stecken. Genau die brauchen Sie? Die Bastelanleitung finden Sie auf den Internetseiten der Bahn. (Aufgepasst: Sie setzt Grundkenntnisse im Nähen voraus!)

## Sonderfall Hund – manchmal bleibt nur der Zwischenwagenbereich

Hunde haben es in der Bahn deutlich schwerer als Kinder. Aber ganz egal, was Ihnen Hunden abgeneigte Mitreisende empört erzählen mögen: Bei der Deutschen Bahn ist das Mitnehmen von Hunden grundsätzlich erlaubt. Unter welchen Bedingungen, hängt allerdings vom Hund ab.

Kleine Hunde, etwa »bis zur Größe einer Hauskatze«, darf man kostenlos mitnehmen. Aber nicht einfach so; das Tier muss in einer geschlossenen Transportbox untergebracht sein. Es gibt immer wieder Reisende, die versuchen, ihre kleinen Lieblinge in der Handtasche zu schmuggeln oder gar in der Innentasche ihrer Jacke. Meist werden sie ertappt, weil der Hund anfängt zu kläffen, wenn der Schaffner die Fahrkarten kontrolliert, und behaupten dann, der Hund sei kein Tier, sondern ein Familienmitglied. Doch auch wenn es unter einer gewissen Größe unter den Mitfahrern umstritten sein dürfte, ob es sich wirklich noch um einen Hund handelt oder um eine Ratte oder Maus: Um eine Box führt kein Weg herum. In der dürfen übrigens auch Katzen, Kaninchen und andere Tiere transportiert werden, die nicht unter das Artenschutzabkommen fallen oder als Gefahr für die Menschheit gelten.

Bei Hunden, die größer sind, gestaltet sich die Sachlage komplizierter, denn ihr Besitzer muss für sie zahlen: im Fernverkehr die Hälfte des normalen Fahrpreises. Hundetickets gibt es am Schalter und am Automaten. Wer unbedingt online buchen will, dem bleibt nur eins: Er muss für seinen Hund eine Fahrkarte für ein allein reisendes Kind ohne Begleitung kaufen. Kinder- und Hundefreunde streiten sich immer wieder darüber, ob dies eigentlich eine Form von Diskriminierung darstellt, und wenn ja, ob eher für Kinder oder eher für Hunde. Was man unbedingt noch wissen sollte, ist, dass die Tickets für allein reisende Kinder ausschließlich per Post verschickt werden, wahrscheinlich, damit Kinder – in dem Fall: Hunde – sich nicht einfach einen Spaß daraus machen, sich an den Rechner zu setzen, irgendetwas zu buchen und mit der ausgedruckten Karte in den nächstbesten Zug zu hüpfen. Das Verschicken dauert, je nachdem, wie gut die Post drauf ist, zwei bis fünf Tage und kostet 3,90 Euro extra.

Außerdem verlangt die Bahn Leine und Maulkorb (nur für den Hund), so lieb und harmlos der sonst auch knurren mag. Weigert sich das Herrchen, diese Utensilien anzubringen, droht dem vierbeinigen Liebling die übliche Strafe: Ausweisung aus dem Zug am nächsten gottverlassenen Haltepunkt.

Doch auch als kooperierender Hundebesitzer fragt man sich: Soll man für seinen Vierbeiner einen Sitzplatz reservieren? Offiziell ist das nicht erlaubt: Hunde haben sich in der Bahn irgendwo im knappen Fußraum zusammenzukrümmen. Hundebesitzer berichten aber, dass gerade bei größeren Tieren der Platz so beengt ist, dass sie deshalb trotzdem einen zweiten Sitzplatz reservieren, damit das Tier sich im Fußraum darunter besser zusammenrollen kann. Natürlich sind Konflikte vorprogrammiert, sobald die Reservierung nach genau fünfzehn Minuten erloschen ist und ein Dynamiker mit emporgestrecktem Kinn genau diesen Sitz einfordert, mit der völlig korrekten Begründung, für Hunde dürfe nicht reserviert werden. Hundebesitzer, die dem aus dem Weg gehen wollen, reisen resigniert im Zwischenwagenbereich.

Im Nahverkehr gibt es leicht abweichende Regelungen, nach denen ein großer Hund zwar teilweise als Erwachsener zählt, man aber bei Sonderangeboten dennoch viel günstiger davonkommt, wenn man auf der Reise von Basel nach Leipzig die Oma daheim lässt und auf dem Schönes-Wochenende-Ticket stattdessen Bello einträgt.

Und falls Sie im Hinblick auf die Preisgestaltung im Fernverkehr gerade ein paar mutmaßlich geniale Gedanken hatten: Hunde dürfen beim Buchen eines Onlinetickets nicht als (kostenlos) mitfahrende Familienkinder angegeben werden. Und es ist auch nicht empfehlenswert, das Tier, nur um ein paar Euro zu sparen, als Kind auszugeben und mit zusammengebundener Schnauze in ein selbst geschneidertes »Kleiner-ICE«-Kostüm zu stecken.

Noch etwas: Auch wenn ein Hund mit einem Ticket für ein allein reisendes Kind fährt – allein zu Oma und Opa reisen darf er trotzdem nicht. Er ist ja schließlich kein Kind. Und ins Kleinkindabteil – na, Sie wissen schon, dass das nicht geht …

## Sonderfall Fahrrad – unter Vorbehalt

Vorweg auch hier eine gute Nachricht: Fahrräder können in allen Zügen der Deutschen Bahn als kostenloses Handgepäck mitgenommen werden – sofern, und hier die schlechte Nachricht, sie demontiert und komplett verpackt sind oder es sich um Klapp- beziehungsweise Faltfahrräder handelt, Räder also, die man sicher und ohne Probleme unter oder über dem Sitz verstauen kann. Andere dagegen, die nicht auf Reisetaschengröße zerlegt sind, darf man im ICE nicht mitnehmen – ich wurde im ICE Hannover – Hamburg einmal Zeuge, wie ein Hipster mit Bart das trotzdem versuchte, das teure Carbon-Bike im Zwischenwagenbereich stehen ließ, sich unschuldig zwei Wagen weiter niederließ, dem erbosten Zugbegleiter gegenüber leugnete, der Eigentümer zu sein, und als der Zug in Hamburg-Altona hielt, mit offenem Mund miterleben musste, wie der Schaffner sein Rad schulterte und damit verschwand. In ICs dürfen Räder regulär an Bord, sofern es sich (steht in den Fahrplänen und in der Reiseauskunft) um Züge mit Radabteil handelt. Man benötigt dafür eine Fahrradkarte und eine Stellplatzreservierung, und beides lässt sich im innerdeutschen Verkehr auch online viel einfacher buchen und bezahlen, als wenn es sich um Hunde handelt.

Dennoch tut man gut daran, ein normgerechtes Fahrrad mitzunehmen, bloß kein Tandem oder Liegerad, so rechtzeitig auf dem Bahnsteig zu sein, dass man sich vergewissern kann, dass der Zug tatsächlich auf dem genannten Gleis abfährt, und auf dem Wagenstandsanzeiger nachzusehen, wo das Fahrradabteil mit dem reservierten Stellplatz halten wird. Sofern die Bahn diesen Planungen kein Schnippchen schlägt (siehe unten), kann man dort das Rad behände in senkrechte Halterungen einhängen, was wesentlich leichter geht, wenn man vorher absteigt. Auch in vielen Nahverkehrszügen gibt es Mehrzweckabteile für Räder und ihre Besitzer, und so relativ unkompliziert sich dort die Bedingungen im Vergleich zur Hundemitnahme in der Theorie anhören mögen – man muss nicht mal den Namen seines Fahrrads auf einer Karte notieren – : Ob man sein Rad im Zug mitnehmen darf oder nicht, steht immer unter dem Vorbehalt der »zur Verfügung stehenden Kapazitäten«. Will heißen: Es kann passieren, dass Sie mit Ihren Kumpels vom Anlegerkreis verzweifelter Kleinsparer Meppen ein paar Stunden länger als geplant im Regen auf dem Bahnhof von Bad Kleinen ausharren müssen, weil der Zug, den Sie eigentlich nehmen wollten, nun, »keine Kapazitäten« mehr hat. Wer einigermaßen pünktlich ankommen will, sollte in dem Fall tunlichst mit Klapp- oder Faltrad reisen.

## Auf dem Bahnsteig:
## Die Bahn kommt – oder nicht?

Es ist so weit. Der Zeitpunkt – manchmal sogar: der große Tag – ist da. Mit Ticket und Gepäck betreten Sie den Bahnhof Ihrer Wahl, vielleicht sind Sie auch schon dort, weil Sie eben Ihren Fahrschein im Reisezentrum gelöst oder tatsächlich dem offenbar gut gelaunten Automaten entlockt haben. Und nun suchen Sie den Ort, an dem Ihr Zug abfährt. Das ist im Grunde kein Hexenwerk, die Gleisnummer steht beispielsweise auf dem selbst gebuchten Ticket, auf dem Reiseplan, den Ihnen Ihre neue Freundin im Bahn-Reisezentrum ausgedruckt hat. Aber auch, und darauf sollte man unbedingt achten, in der App DB Navigator oder, noch viel größer, auf der elektronischen Hauptanzeigetafel.

## Nicht nur Entertainment:
## Warum die große Anzeigetafel so wichtig ist

Fatalerweise gibt es Leute, die ignorieren diese Tafel, die es auf jedem einigermaßen bedeutenden Bahnhof gibt. Sie sagen sich: »Ich bin doch keiner dieser Last-Minute-Typen ohne Plan, die erst in letzter Sekunde nachsehen, wo ihr Zug abfährt, und vielleicht sogar auch noch, wann er abfährt. O nein, ich bin vorbereitet, denn ich bin ein ausgezeichneter Bahnfahrer: Ich habe meine Karte nebst Reservierung in Fahrtrichtung vor zweieinhalb Monaten zum optimalen Preis gebucht, ich könnte im Schlaf herunterbeten, dass mein ICE 652 Hannover um 10.31 verlassen und in Bonn Hauptbahnhof um 13.32 eintreffen wird, ich habe mich über die Verteilung der Toiletten informiert sowie das komplette gastronomische Angebot an Bord auswendig gelernt – und hallo, da soll ich mir nicht gemerkt haben, dass der Zug auf Gleis 12 abfährt?«

Also missachten sie ostentativ die zentrale Abfahrtstafel, diesen Meeting Point der Haltlosen, Spontis und nicht ausgelasteten Infojunkies. Begeben sich um 10.27 Uhr gemessenen Schrittes zu Gleis 12. Und stellen verblüfft fest, dass auf diesem Gleis gebaut wird und der Zug deshalb heute von Gleis 4 abfährt – ein Gleis, das sie leider trotz unangemessener Hast nicht mehr rechtzeitig vor Abfahrt des Zuges erreichen. Und selbst wenn sie es rechtzeitig erreicht hätten, hätten sie erst im Zug erfahren, dass heute auf der Strecke mit Verzögerungen zu rechnen ist. Wegen »Vandalismus in Hamm«, einer offenbar nicht eingeplanten Veranstaltung, wird ihr Zug Bonn »ca. 25 Minuten später« erreichen. Aber dann wäre ihr Bruder, der extra zum Bahnhof gefahren ist, um sie wie jedes Jahr abzuholen, längst wutentbrannt wieder nach

Hause gerast, ohne an sein ausgeschaltetes Handy zu denken.

Dabei hätte beim Betreten des Bahnhofs ein einziger Blick auf die zentrale Abfahrtstafel genügt, die Abfahrtstafel, die sich automatisch aktualisiert und die vom Informationssystem der Bahn gespeist wird. Weshalb es unverzeihlich ist, sie zu ignorieren und stattdessen womöglich einem der immer noch in Schaukästen ausgehängten papiernen Abfahrtspläne zuzustreben. Diese sehen zwar fast noch genauso verlässlich aus wie zu jenen sagenumwobenen goldenen Zeiten, als das Bahnfahren noch einwandfrei klappte, die Bahn immer nur pünktlich, die Toiletten ein Gedicht und das Essen im Speisewagen ganz hervorragend war. Aber sie sind naturgemäß bestenfalls semi-aktuell, und im Grunde hängen sie nur noch deshalb herum, um traditionsverhafteten Bahnkunden vor ihrer Abfahrt ein passendes Ambiente zu bieten – ausgedruckte Flugpläne in Postergröße würden eher als verwirrend empfunden. Oder um jene Leute zu beschäftigen, die sich den ganzen Tag am Bahnhof herumdrücken und Zunge kauend Zahlenkolonnen auf kleine Notizblöcke kritzeln.

Die zentrale Abfahrtstafel dagegen, auf der die aktuelle Abfahrtszeit des Zuges, das Gleis und Verzögerungen und Ausfälle aufgeführt sind, ist unerlässlich, um sich beim Betreten des Bahnhofs auf den neuesten Stand zu bringen und zu erfahren, ob es sich denn überhaupt (noch) lohnt, die Fahrt anzutreten. Erreicht man das angegebene Gleis, sollte man diese Info, man weiß ja nie, noch mal mit einem Blick auf den Zugzielanzeiger überprüfen. Man kann sich aber auch schon früher informieren. Denn, das ist die gute Nachricht: Die meisten Schocks in letzter Minute lassen sich heutzutage vermeiden. Bahnbedingte Turbulenzen, die noch vor wenigen Jahren arglose Bahnkunden auf dem Bahnsteig kalt (im Winter) oder heiß (im Sommer) erwischten und von jetzt auf gleich dramatisch Reise- und Urlaubspläne über den Haufen warfen, den Besuch der alles entscheidenden Konferenz in der Firmenzentrale zunichtemachten oder die Beziehung zu nicht bahnfahrenden Familienangehörigen auf eine harte Probe stellten, kann man nun deutlich früher antizipieren. Zumindest ein paar Stunden früher.

### Die digitalen Helferlein, und wie man sich Schocks in letzter Minute erspart

Wie informiert man sich frühzeitig? Zum einen natürlich per Anruf bei der Hotline der Bahn. Wie wir wissen, kann es allerdings auch mal etwas länger dauern, bis man dort durchkommt; nicht die besten Voraussetzungen, wenn es darum geht, ob man morgens um halb fünf aus dem Bett federn muss, um den Zug nach Nürnberg zu erwischen, oder beruhigt liegen bleiben kann, weil der erste heftige Schneefall des Jahres auch den ICE 1514 Richtung Berlin lahmgelegt hat.

Schneller zielführend, weil unkomplizierter und ohne zeitraubende Höflichkeitsfloskeln zu bedienen, sind da die elektronischen Helferlein der Deutschen Bahn. Zuallererst der bereits erwähnte Verspätungsalarm, den man clevererweise bei der Onlinebuchung oder beim Ticketkauf über die Smartphone-App DB Navigator aktiviert hat und der per Mail oder SMS vor größeren Verzögerungen oder Ausfällen warnt. Auf der Bahn-Website bahn.de finden sich noch zwei weitere nützliche Pünktlichkeitstools: einmal die »Bahnhofstafel«, auf der sich – Nostalgiker aufgepasst: auf gelblichem Hintergrund! – alle in einem x-beliebigen Bahnhof abfahrenden Züge aufrufen lassen, inklusive Abfahrtszeit und Gleis. Hier sind, anders als auf den ausgedruckten Fahrplänen, die im Bahnhof plakatiert sind, ab zwei Stunden vor der Abfahrt Verspätungen und Gleisänderungen verzeichnet, häufig auch mit Begründung (»15 Min. wegen Warten auf Fahrgäste eines verspäteten Zuges«).

Und zweitens die »Live-Auskunft«, ein Instrument, das sich vor allem im Falle ausgefallener Züge, unerwarteter Winter- oder Sommereinbrüche und anderer Chaostage bei der Bahn empfiehlt. Das Tool zeigt nämlich nicht die fahrplanmäßigen Züge an, sondern die, die tatsächlich fahren. Sicher, im Normalfall macht das keinen Unterschied. An Tagen aber, an denen alles drunter und drüber geht, kann es psychologisch ungemein hilfreich sein, Züge, die sowieso ausfallen, gar nicht erst angezeigt zu bekommen. Dafür aber, und das tut die »Live-Auskunft«, jene, die schon vor drei Stunden hätten fahren sollen, durch Zwischenfälle unbekannter Art aufgehalten wurden und demzufolge auch auf keinem Fahrplan mehr auftauchen, aber trotzdem gleich am überfüllten Bahnsteig einfahren und die letzte Möglichkeit sind, Düsseldorf oder Hagen noch vor Sonnenuntergang zu verlassen. Auch sonst läuft das kleine Programm erst im Ausnahmefall zur Hochform auf: Hier bekommt man auch Prognosen, ob man den Umstieg von einem Zug in den anderen schafft – ja, natürlich, solche Prognosen wären auch bei so mancher regulären ICE-Verbindung sinnvoll. Wobei man nicht vergessen sollte: Es handelt sich nur um Prognosen. Mehr als die weiß der Zugbegleiter dann allerdings oft auch nicht: Die elektronischen Helferlein der

Deutschen Bahn hängen am zentralen Reisendeninformationssystem, aus dem sich auch die Bahnleute informieren. Die »Live-Auskunft« findet sich übrigens auch in der Smartphone-App DB Navigator. Einer App, die, dies ganz ironiefrei, von den fähigsten Entwicklern der Bahn entworfen worden sein muss (die währenddessen an vielen anderen Stellen fehlten) und offenbar so zuverlässige, sprich: amtliche Informationen bietet, dass mich Zugbegleiter bei Fragen meinerseits schon mehrfach mit Blick auf mein Smartphone auf »den Navigator« verwiesen. Beziehungsweise mich fragten, ob ich dort bitte schnell mal die aktuelle Verspätung des Zuges in Dortmund checken könne, sie selbst kämen gerade nicht ins System und erreichten auch telefonisch niemanden. Mag sein, dass sich da im Zugverkehr gerade eine neue Form von partnerschaftlichem Miteinander zwischen Fahrgast und Schaffner herausbildet.

Umso verwirrender, wenn es trotz angeblicher gemeinsamer Informationsbasis Unterschiede gibt. Der DB Navigator also behauptet, Ihr Zug habe »ca. fünfzehn Minuten Verspätung«, die Anzeige am Bahnsteig aber nichts davon wissen will und der Mann von der Bahn vor Ort sagt, der Zug sei bisher pünktlich. Was ist da los? Ist das mit der gemeinsamen Basis doch nicht so richtig?

Nun, um ehrlich zu sein: manchmal noch nicht ganz. Das ist auch der Grund, weshalb die Bahn bis Ende 2018 laut ihrem Strategiepapier »Zukunft Bahn« endgültig »eine zentrale Informationsplattform als »einzige Quelle der Wahrheit« aufbauen will. »Aktuell stimmen oft schon die Basisleistungen nicht«, formulieren die Bahnstrategen selbstkritisch. »Fehlende oder falsche Informationen, besonders bei Unregelmäßigkeiten wie Unpünktlichkeit oder größeren Störungen, sind oft beklagte Ärgernisse für unsere Kunden.« Auskünfte laufen bisweilen noch nebeneinander oder auf anderen Wegen, Menschen können vergessen, Dinge können passieren. Und bis eine Nachricht am Ende der bahninternen Informationskette angekommen ist, kann sich die Lage am anderen Ende schon wieder komplett geändert haben.

Bei dem angeblich verspäteten Zug kann es also entweder sein, dass der von Topleuten programmierte DB Navigator schon etwas weiß, was beim nicht von Topleuten programmierten Bodenpersonal auf dem Bahnhof noch nicht angekommen ist. Es kann aber ebenso gut sein, dass der Zug Verspätung hatte, diese aber dank eines motivierten Lokführers, der einen Halt in Freiburg außerplanmäßig vergaß, längst wieder aufgeholt hat. Wovon der DB Navigator noch nichts weiß, weil das Ignorieren von Stopps selbst in den kühnsten Ecken seines Programms nicht vorgesehen ist. Und auch wenn er es wüsste, er könnte das außerplanmäßige Nichtstoppen in Freiburg keinesfalls akzeptieren – Menschen hingegen haben da geringere Probleme; und ist Freiburg nicht so schön, dass man dort ruhig noch zwei Stunden länger bleiben kann?

Sind Sie in einem solchen Informationsdilemma, können Sie natürlich sämtliche Bahnangestellten befragen, die sich auf dem Bahnhof auftreiben lassen, dann sämtliche Mitreisende, und vielleicht haben Sie irgendwann für eine der Optionen eine qualifizierte Mehrheit. Vielleicht ist Ihr Zug dann aber schon weg.

Sie können also auch gleich überlegen, ob die angekündigte Verspätung von »ca. fünfzehn Minuten« wirklich so schlimm ist, dass sie für Sie alles über den Haufen wirft. Falls ja, aber in erster Linie, wenn die Verspätung plötzlich auf »ca. 25 Minuten« anwächst, also ein Trend zu erkennen ist, der wenig Anlass zur Hoffnung gibt, sollte man über einen Ausweg nachdenken.

### Springen Sie bloß nicht in den nächstbesten Zug!

Der schlechteste Plan beim Bahnfahren ist, keinen zu haben. Der zweitschlechteste ist übertriebene Spontaneität. Sie wissen nicht, was ich meine? Zurück auf den Bahnsteig also, und nehmen wir an, der mittlerweile laut Zugzielanzeiger »ca. 35 Minuten« verspätete Zug ist der ICE Hamburg – München (der natürlich höchstens in einem früheren Leben vorher über Freiburg gefahren wäre). Nehmen wir außerdem an, Sie lassen Ihren Blick schweifen und entdecken, dass in dieser Minute, heißa!, ein weiterer ICE nach München einfährt. Erfreut entern Sie diesen Zug – und merken erst, wenn Sie gen Berlin brausen, dass diese Bahn nicht den direkten Weg über Hannover und Kassel nimmt, sondern einen weiten Schlenker gen Osten fährt, über Berlin Hauptbahnhof, Lutherstadt Wittenberg, Bitterfeld und Leipzig. Eine Rundreise, bei der Sie immer noch anderthalb Stunden später – stinksauer – in München eintreffen, als wenn Sie in Hamburg in der Wandelhalle noch einen Kaffee getrunken hätten und dann in Ihren ursprünglichen, verspäteten Zug gestiegen wären. Es gibt noch weitere Zugrouten, die auf diese Weise als Schönes-Deutschland-Reise geplant sind und denen man als eiliger Reisender nicht auf den Leim gehen sollte. Wer einen kühlen Kopf bewahrt, statt wie ein hektisches Huhn in den nächstbesten Eisenbahnwagen zu jachtern, muss das auch gar nicht.

## Selbsthilfe bei verspäteten oder ausgefallenen Zügen: Tools zum Gegenchecken

Denn die Wunder-App DB Navigator bietet neben dem nützlichen Feature »Ist mein Zug pünktlich?« zum ersten Gegenchecken auch noch die Funktion »Aktuelle Alternativen«. Diese funktioniert offensichtlich mit den Parametern der »Live-Auskunft«, die man stattdessen natürlich auch zurate ziehen kann, alternativ zum Bahnmann auf dem Bahnsteig. Falls Ihnen dabei auffällt, dass die realitätsgepaarte »Live-Auskunft« übrigens nicht »ca. fünfzehn Minuten Verspätung zeigt, sondern nur »zwölf Minuten«, lassen Sie sich nicht verwirren: im Zweifel stimmt das, denn nicht umsonst war auf dem Bahnsteig die Rede von »ca.«, also circa. (Was dafür spricht, das schnell eingeschobene Brötchenholen, wenn von »ca.« die Rede ist, niemals wirklich fünfzehn Minuten dauern zu lassen.)

Bei einer – absehbaren – Verspätung in diesem Zeitfenster lohnt es sich in der Regel kaum, auf einen anderen Zug zu setzen, auch wenn Ihnen der Navigator noch so verlockende »Aktuelle Alternativen« anbietet.

Beginnt die Verspätung dann allerdings, wie oben beschrieben, auszuufern, bleiben jedem Bahnreisenden, der seine fünf Sinne beisammen hat, drei Alternativen: Erstens: wieder nach Hause zu gehen und alle Termine wegen Bahnchaos abzusagen. Zweitens: es sich in einem Hotel in Bahnhofsnähe gemütlich zu machen und dort auf bessere Zeiten zu warten. Drittens: sich einen anderen Zug zu suchen.

Das darf man bei der Deutschen Bahn selbst mit einem zuggebundenen Sparpreisticket ab dem Moment, in dem der ursprünglich gebuchte Zug mehr als zwanzig Minuten Verspätung hat. Ab der 21. Minute verfällt die Zugbindung. Dann kann man sogar einen »höherwertigen« Zug zu seinem Zielort wählen als den gebuchten, also einen ICE statt eines ICs; nur im Nahverkehr muss man die Differenz erst bezahlen und kann sie sich später erstatten lassen. Noch ein Fallstrick im Nahverkehr: Das gilt nicht für stark ermäßigte Fahrkarten. Wer also mit einem »Schönes-Wochenende-Ticket«, einem »Querdurchs-Land-Ticket« oder einem der Länder-Tickets zum Spottpreis unterwegs ist, samt eingetragenem Hund, nicht eingetragenem Rad und den Kumpels vom Kleinsparer-Verein, der muss schmoren, bis der Zug kommt. Das ist die Kehrseite des Fahrens zum Spottpreis – und die Reaktion der anderen Bahnfahrer mag auch darauf hindeuten, wie es zu dem Namen Spottpreis kam. Für alle anderen gilt: Sie kommen bei nächster Gelegenheit weg von hier. Wer in seinem Ursprungszug eine Platzreservierung hatte, der kann versuchen, sich per App, am Automaten oder am Schalter noch schnell eine neue für den Ausweichzug zu besorgen. Meist geht das noch bis kurz vor dessen Abfahrt; man landet dann im Zug auf einem der Plätze, über denen steht »ggf. freigeben«. Und falls sämtliche Plätze schon vergeben sind an all die anderen Leute nämlich, die neben Ihnen auf dem Bahnsteig stehen und mithilfe des DB Navigator hektisch reservieren: Versuchen Sie einfach, eine Reservierung ab dem nächsten Halt zu kriegen; mit der Perspektive steht es sich im überfüllten Zwischenwagenbereich schon deutlich leichter.

Ihre alte Platzreservierung können Sie online oder mobil umtauschen oder sich später erstatten lassen.

Vielleicht kam Ihnen gerade auch schon der Gedanke: Wie beweist man eigentlich die Verspätung des alten Zuges im neuen Zug? Zugreisende mit ein paar Jahren Erfahrung erinnern sich noch gut: Früher hetzte man sicherheitshalber noch auf dem Bahnhof zum Infopoint oder zum nächsten Bahnmitarbeiter und ließ sich die Verspätung von Zug A mit Brief und Siegel bestätigen, bevor man im Ersatzzug B am Ende noch in die Hände eines misstrauischen Zugbegleiters geriet, der erst schlecht geschlafen und dann im Bordbistro wegen Maschinendefekts keinen Kaffee bekommen hatte. Heute ist der Stress nicht mehr nötig; die Bahnleute im Ausweichzug können über ihre smartphoneartigen Geräte Verspätungen unproblematisch im System abfragen. Alles, was Sie dann noch tun müssen, ist, Ihr ursprüngliches Ticket vorzuzeigen.

### Ewiges Übel umgekehrte Wagenreihung – und wie es wirklich dazu kommt

Nicht verwirren lassen sollte man sich dagegen von einer anderen Bahn-App namens DB Bahnhof live. Die konzentriert sich eher auf die Bahnhöfe, zeigt die Geschäfte, Restaurants sowie die Standorte von Fahrstühlen, Toiletten und den Weg zu Taxis, Nahverkehr und Carsharing-Angeboten. Nett zu wissen. Aber darüber hinaus verrät sie – kann das wirklich sein?! – die »Wagenreihung«! Bahnfahrer mit leidvollen Erfahrungen in Sachen Wagenreihung (und wer hat die nicht?!) horchen da hocherfreut auf: Nicht möglich! Hat die Bahn es endlich geschafft, diese leidige Sache mittels moderner App-Technik in den Griff zu kriegen?

Leider nein. Denn obwohl in eine App eingebaut: Die Information »Wagenreihung« ist *nicht* live. »Daten laut

Aushangplan« steht schamvoll daneben. Was bedeutet, der Informationsgehalt ist derselbe, als würden Sie am Gleis am Wagenstandsanzeiger, dieser Tafel mit den eingeschobenen Papierzügen, nachsehen. Und die Wahrscheinlichkeit, dass diese Auskunft nicht stimmt und jede Menge Ärger auf Sie wartet, ist in dieser App genauso hoch, als würden Sie sich am Bahnhof gleich vom einfahrenden Zug überraschen lassen.

Die sogenannte umgekehrte Wagenreihung ist eines der Paradeärgernisse bei der Bahn und tritt immer dann auf, wenn man es gerade überhaupt nicht brauchen kann. Etwa wenn die Großeltern nach Sylt wollen, aber ohne Stress, also mit dem Zug (lachen Sie jetzt nicht!). Also bringt man sie rechtzeitig, nein: frühzeitig! zum Bahnhof. Man informiert sich per besagtem Wagenstandsanzeiger, wo der Wagen halten wird, in dem sich die für die beiden gebuchten Plätze befinden (Abschnitt A), man errechnet und diskutiert die zum Einsteigen optimal geeignete Position auf dem Bahnsteig, positioniert alle Beteiligten dort und hält den umliegenden Luftraum frei. Doch dann hat Einfahrt der IC Dresden – Westerland, und welch Schock: Als der Zug langsamer wird und hält, kommen im Abschnitt A Wagen mit ganz anderen Nummern zum Stehen, nein, zu allem Überfluss auch noch Wagen einer anderen Klasse, nämlich der ersten statt der zweiten. Die, mit den reservierten Plätzen, ist folglich ganz anderswo, mutmaßlich im Abschnitt D, wenn nicht gar E oder F. Also versucht man samt Großeltern und deren großem Gepäck möglichst schnell dorthin zu gelangen. Allerdings geht es allen anderen Wartenden auf dem Bahnsteig offensichtlich ähnlich. Die einen eilen nach vorn, andere nach hinten, in Abschnitt C prallen Vertreter beider Gruppen aufeinander. Koffer verkeilen sich, Leute stolpern, Männer fluchen, Frauen schimpfen, ab und an jault jemand auf, dem ein Rollkoffer in die Hacken fuhr. Gerade noch zum Abpfiff erreicht man den richtigen Wagen, wuchtet die schreckensstarren Altvorderen nach oben, wirft ihnen durch die sich schließende Tür die zwei Koffer hinterher und winkt, bis der Zug um die Ecke ist, bevor man in sich zusammensackt.

Etwa jeder fünfte ICE erreicht laut Bahnangaben den Bahnhof mit anderer Wagenreihung als angekündigt. Und im schlimmsten Fall müssen Fahrgäste mit Koffern, Taschen, Kinderwagen, Kindern und Rucksäcken fast einen halben Kilometer sprinten, um ihren Sitzplatz am anderen Zugende zu erreichen – ein ICE I ist bis zu 400 Meter lang.

Wie kommt es dazu? Nein, so ein Zug dreht sich nicht in Sichtweite des Bahnhofs kurz mal um, um die Fahrgäste zu ärgern, auch wenn Autolobbyisten das manchmal erzählen. Meist sind für das umgekehrte Einfahren – wie bereits beim Vorwärts- und Rückwärtsfahren erwähnt – Streckensperrungen oder Zugumleitungen verantwortlich, weswegen ein Zug einmal weniger oder einmal häufiger die Fahrtrichtung wechselt als geplant und einmal mehr oder einmal weniger in Sackbahnhöfe einfährt, aus denen er nur andersherum wieder herausfahren kann. Ab und zu kommt auch gar nicht der eingeplante, sondern ein Ersatzzug, weil der ursprüngliche kaputt oder blockiert ist.

Nun könnte man einen Zug, der sich auf der Strecke einmal zu wenig oder einmal zu oft umgedreht hat, theoretisch einfach noch einmal umdrehen, damit die Wagenstandsanzeiger auf allen nachfolgenden Bahnhöfen wieder stimmen. Doch das ist ein Dilemma für die Bahn. Denn einen Zug wendet man nicht einfach so. Dafür braucht man ein Gleisdreieck, das groß genug ist, und viel Zeit. Bahner sprechen von sechzig Minuten – die der Zug dann zu spät kommen würde.

So entscheidet die Transportleitung der Bahn meist, sich lieber deshalb Ärger einzuhandeln, weil Fahrgäste auf dem Bahnsteig zum anderen Zugende sprinten müssen, als wegen Unpünktlichkeit. Zumal diese in die offiziell veröffentlichte Verspätungsstatistik einfließt; eine Statistik für außerplanmäßiges Erscheinen in umgekehrter Wagenreihung existiert dagegen wohlweislich nicht.

Doch es scheint Hoffnung für alle auf dem Bahnsteig Hin- und Hergehetzten zu geben. Das von einem Kreis von Bahnmanagern erarbeitete Reformpapier »Zukunft Bahn« sieht vor, die Zahl der verkehrt gereihten Züge zu reduzieren – wie auch immer; der Bau von voluminösen Wendeplatten in abgelegenen Landstrichen in ganz Deutschland scheint jedenfalls nicht vorgesehen zu sein.

Zumindest aber will man die Wartenden in den Bahnhöfen künftig früher und besser über falsche Wagenreihungen informieren. Durchsagen über umgekehrte Wagenreihung kamen bislang häufig erst bei Einfahrt des Zuges. Oder sie blieben ganz aus.

Auch auf den neuen elektronischen Anzeigetafeln am Gleis finden sich bisher oft lediglich die Informationen zum planmäßigen Wagenstand.

Und gescheuchte Bahnkunden fragen sich gefühlt seit Generationen: Wie kann das sein? Gibt es nicht besagtes Reisendeninformationssystem, in das alle Infos über Züge einfließen und auf das alle Bahnmitarbeiter zugreifen können und, Internet und Apps sei Dank, mittlerweile sogar auch die Kunden?

Doch, natürlich. Aber, um vielleicht ein Geheimnis zu lüften: Das »Einfließen« der Informationen zu einer geänderten Wagenreihenfolge ging bisher keineswegs automatisch vor sich. Sondern die Infos wurden, verrät eine Bahnsprecherin, »in mehreren Schritten manuell eingespeist«. Und wenn ein Bahnmitarbeiter gerade Wichtigeres zu tun hat als »verkehrte Wagenreihung« einzutippen, weil er nämlich den Zug abfertigen oder einer fassungslosen Dame zu ihrem versehentlich gen Paris allein weitergereisten Koffer verhelfen muss, dann haben auf den folgenden Bahnhöfen ein paar Hundert Kunden Stress.

»Nein«, sagen Sie jetzt, »das kann doch nicht … gibt es denn nicht die Möglichkeit, das vollautomatisch zu erledigen?!«

O doch, bald, und das ist die gute Nachricht für alle, die das Bäumchen-wechsle-dich-Spiel am Bahnsteig leid sind: Bei der Bahn setzt man eine neue Software ein, die mithilfe von Sensoren in den Betriebswerken und an den Gleisen auf dem Streckenverlauf vollautomatisch die Wagenreihenfolge der Züge erfassen und an das Informationssystem weiterleiten soll. Kein Witz; jedenfalls nicht von mir.

»Unser Ziel«, so die Sprecherin der Deutschen Bahn: »Vollständige und korrekte Anzeige der relevanten Züge am Gleis, hundert Prozent korrekte Anzeige der Wagenreihung.« Und, jetzt kommt's: Die korrekte Wagenreihung, ich wiederhole: Die korrekte Wagenreihung, also die echte, aktuelle, mit Nummer und Gleisabschnitt, soll auch bald in der App DB Navigator ausgewiesen werden!

Ich glaube das erst, wenn ich es sehe. Aber so viel ist sicher: Sofern das klappt, tut die Deutsche Bahn damit weit mehr für ihre Kundenzufriedenheit als mit noch so vielen Imagefilmen.

Noch ein beliebter Bahntrick, der seit jeher für grusliges Entertainment der Reisenden sorgt, soll schon bald endgültig der Vergangenheit angehören: Der Trick heißt »der verschwundene Zug« und geht so: Man kommt um 12.09 Uhr zum Gleis 4, sieht auf den Zugzielanzeiger – und vom ICE nach Mannheim, der angeblich hier um 12.18 abfahren sollte, steht da kein Wort. Stattdessen wird ein Nahverkehrszug nach Hamm angekündigt, der laut angezeigter Zeit schon um 12.08 Uhr hätte abfahren sollen. Man zwingt sich zur Ruhe und sieht sich nach allen Seiten um, aber es befindet sich kein Bahnmitarbeiter in der Nähe. Dafür drängt sich vor dem Schaukasten, in dem vermutlich seit Wochen unverändert der gelbe Abfahrtsplan aushängt, eine Traube von Menschen, die alle ebenfalls den Mannheimer Zug vermissen. Mittlerweile ist es 12.12 Uhr, weder der Zug nach Hamm noch der gewünschte nach Mannheim ist erschienen. (Ein gewiefter Nutzer neuer Technologien, der dieses Buch sorgfältig gelesen hat, würde nun eiskalt sein Smartphone zücken und den DB Navigator zurate ziehen. Doch daran denkt man in dem Moment nicht.) Und also macht man sich mit seinem Rollkoffer im Laufschritt auf die Suche nach jemandem von der Bahn, nach irgendjemandem, nach verdammt noch mal einem verdammten Angestellten der Bahn! Und da sich immer noch keiner in Sichtweite befindet, absichtlich vermutlich, und es andererseits extrem wichtig ist, heute noch nach Mannheim zu gelangen, verlässt man den Bahnsteig und rast samt Rollkoffer die Treppe zum Gleisquergang hinunter. Dass man dabei das kurze Gekrächze aus dem Lautsprecher überhörte: geschenkt. Dass sich aber auch unten im

Quergang zwar Zeitungsverkäufer, Aufbackshop-Ange-
stellte, ein mobiler Erosladen-Betreiber und viele hastende
Bahnkunden herumtreiben, aber immer noch kein Mensch
von der Bahn, ist schon einen ganzen Ticken beunruhi-
gender. Also dreht man, einer inneren Eingebung folgend,
um, stürzt wie ein panisches Kamel wieder die Treppe
hoch zu Gleis 4. Und kommt gerade noch rechtzeitig, um
den Abpfiff seines Zuges zu hören und einen netten, von
allen Anwesenden anerkennend verfolgten, aber komplett
sinnlosen Spurt hinzulegen.

Denn der schon länger angekündigte Zug nach Hamm
ist nicht erschienen, vielleicht infolge von Vandalismus.
Also hatte der Zugzielanzeiger am Gleis beschlossen,
wieder den ICE nach Mannheim anzuzeigen. Der prompt
einfuhr; leider pünktlich.

Es hätte aber auch genauso gut passieren können, dass
man die Treppe hochgestürzt wäre und es gerade noch
geschafft hätte, sich in den Zug zu werfen. In dem Fall
in den Nahverkehrszug nach Hamm, der es endlich geschafft hatte, zu erscheinen, und einen nun seinem Schicksal (unbekannte Verspätungen wegen Vandalismus) entge-
genschaukelt. Wohingegen der Zug nach Mannheim auch
eingefahren ist, nur leider auf Gleis 6, einen Übergang
weiter.

In beiden Fällen ist das Ergebnis gleich: Der Zug ist
weg. Erst auf der Anzeigetafel, dann in Wirklichkeit.

Da in den vergangenen Jahren nicht wenige Bahnkunden ähnliche leidvolle Erfahrungen gemacht haben,
sieht das hier schon mehrfach zitierte Innovationspapier
der Bahn vor, den Informationsfluss auf den letzten
Metern am Gleis zu verbessern. Die Richtungsanzeiger
am Bahngleis, die bisher nur immer einen Zug anzeigen
konnten, werden zu sogenannten »Multizuganzeigern«

umgebaut. Diese können in mehreren Zeilen gleich mehrere Züge anzeigen – also auch die Züge, die bisher plötzlich verschwanden, wenn ein neuer auftauchte, zumindest optisch.

Wenn dann noch wie geplant demnächst die tatsächliche, echte, wahre Wagenreihung angezeigt wird und obendrein, auch das steht auf der Agenda der bahninternen Innovationsgruppe, verlässlichere Ankunfts- und Abfahrtszeiten, dann wäre das für alle, die häufiger Bahn fahren, kurz und in einfachen Worten: ein Traum.

## Im Zug! Was einem dort alles passieren kann, und wie man damit – und mit den Mitreisenden – umgeht

Und dann ist es endlich so weit: Der Zug, Ihr Zug, fährt ein. Sie haben natürlich alles richtig gemacht: Sie haben sich in genau dem Abschnitt auf dem Bahnsteig platziert, in dem der Wagen mit Ihrem reservierten Sitzplatz der größtmöglichen Wahrscheinlichkeit nach zum Stehen kommen wird, wichtig, weil Sie den Platz dann garantiert innerhalb von fünfzehn Minuten erreicht haben werden, und wenn sie über noch so viele Koffer hinwegklettern müssen. Sie haben sich, falls Sie der Typ dafür sind, Wagennummer samt Sitzplatznummer extra noch mal auf einen Schmierzettel notiert, der in irgendeiner Ihrer Taschen steckt, weshalb Sie beides nochmals zur Sicherheit in Ihre Handinnenfläche gekritzelt haben. Nun stehen Sie da und versuchen, wenig zu schwitzen, damit Sie die Nummern auch gleich noch lesen können.

Und dann, wie gesagt, fährt der Zug ein.

Und macht alles zunichte. Denn Ihr reservierter Platz – ist nicht da.

## Entlarven Sie den Mythos:
## Wenn der Sitzplatz doppelt reserviert ist

Aber halt, Sie ziehen die Augenbrauen hoch?! Na gut. Ich will jetzt nicht schon wieder gleich verfrüht unken oder schwarzsehen oder beides zugleich. Schließlich bin ich alles andere als ein Bahnhasser. Und hat man, denken Sie nun sicher, nach all dem hypothetischen Stress auf dem Bahnhof respektive schon daheim, nach all den Vorbereitungen, all den Entscheidungen, womit man wohin fahren sollte und ob mit Hund, Fisch oder Fahrrad, hat man da nicht endlich mal Anspruch auf ein bisschen entspanntes Bahngefühl?

Okay, einverstanden. Nehmen wir also mal an: Alles ist gut.

Sie finden mühelos zu Ihrem reservierten, frisch gereinigten Einzelplatz, schlenkern ihr spottleichtes Köfferchen nach oben auf die freie Gepäckablage, hängen den Mantel auf, sinken dann wohlig seufzend in Ihren ICE-Fensterplatzsessel nieder. Bewundern den eleganten Schwung der Fenster, das Design der selbsttätig schließenden Türen, die Sanftheit, mit der der Zug sich in Bewegung setzt, den Bahnhof verlässt, beschleunigt, die Stadt hinter sich lässt und durch Felder und Wiesen gleitet. Sind noch kurz heilfroh, dass die Bahn es natürlich nicht geschafft hat, das schon vor Jahren angekündigte Entertainment-Programm mit Filmen und Videospielen herauszubringen, das im ICE Feeling verbreiten sollte wie im Flieger nach Mallorca – was nichts anderes heißt, als dass es überall um Sie herum aus Kopfhörern quäken und krachen und ein Bildschirm neben dem anderen flimmern würde. Dann stellen Sie Ihre Lehne zurück, schließen gemütlich die Augen und denken an Ihre erste Fahrt mit dem Zug, an hart gekochte Eier und Erd-beerquark. Und an das Buch, das Sie dabeihaben und auf das Sie sich schon freuen, denn wann außer in der Bahn, diesem Zustand des Gleitens zwischen den Welten, hat man schon noch richtig Zeit zum Lesen ...?

Da fällt ein Schatten über Sie und – Entschuldigung, aber wollen Sie nun darauf vorbereitet sein, was Ihnen in der Bahn alles zustoßen kann, oder nicht?! – und eine Stimme sagt: »Das ist mein Platz!«

Als Sie die Augen öffnen, zögerlich, weil inständig hoffend, dass nicht Sie gemeint sind, sondern irgend-jemand anderer, starrt Sie einer an. Mit einer Miene, aus der sofort klar wird, dass er die unumstößliche Wahrheit gepachtet hat. Nämlich: »Hallo, ich sagte, das ist mein Platz!«.

Mag sein, dass Sie zu den verbindlichen, Konflikt ver-meidenden, angenehmen Menschen gehören (wie ich einer war, bevor ich begann, Bahn zu fahren). In dem Fall stehen Sie sofort auf, entschuldigen sich, nehmen Ihre Siebensachen und ziehen sich in Richtung Abteiltür zurück, während sich Ihr Vertreiber mit verächtlichem Schnauben auf Ihren Platz fallen lässt.

Im Zwischenwagenbereich fällt Ihnen dann ein, dass Sie auch reserviert haben. Sie kramen Ihre Fahrkarte heraus, lesen, überprüfen die Wagennummer (stimmt), gehen ein Stück ins Abteil zurück und linsen auf die Nummer Ihres Explatzes (stimmt auch). Was in Summe nur einen Schluss zulässt: Nicht Sie haben sich geirrt. Der Typ, der Sie vertrieben hat, hat sich vertan.

Aber als Sie zurückgehen und ihn ansprechen, schaut er Sie an, als habe er Sie noch nie in seinem Leben gese-hen, und das, was er sagt, klingt auch danach. Und sicher, theoretisch müssten Sie, außer der Kerl ist rotzfrech, was passieren kann, oder jeder Vernunft abhold, was ebenso vorkommen kann, in dem folgenden Dialog mühelos obsiegen.

Aber: Sie haben schon verloren. Denn Sie haben den Kardinalfehler begangen. Stehen Sie niemals auf, solange nicht zweifelsfrei klar ist, dass tatsächlich Sie es sind, der sich geirrt hat. Ich habe die statistisch nicht belastbare, aber durch Jahre des Bahnfahrens gesicherte Erfahrung gemacht, dass immer wenn jemand besonders selbstsicher behauptete, mein Platz gehöre ihm, die Wahrscheinlichkeit besonders hoch war, dass er sich irrte. Entweder im Wagen. Oder sogar im Zug. Also bleiben Sie verbindlich-cool, wenn da ein dauergestresstes Anzughörnchen, ein Sweatshirtträger (nomen est omen) mit Rucksack oder eine nebenher lässig telefonierende Spätpubertäre Ihnen den Platz streitig macht.

Vor allem, wenn Sie tatsächlich reserviert haben. Denn man kann über das offenbar antiquierte Platzreservierungssystem der Bahn manches sagen, unter anderem, dass es immer dann versagt, wenn man es am dringendsten benötigt, und dass Ersteres wohl kein Wunder ist, sollte es wirklich stimmen, dass die reservierten Plätze immer noch nicht online, sondern allen Ernstes via »Diskette« geladen werden. Dass das System aber unter völlig normalen Umständen – alle Wagen sind vorhanden, die Diskette ist nicht versehentlich in Düsseldorf liegen geblieben, die kleinen Displays über den Sitzen zeigen an, was sie sollen, und nicht etwa gereimte Haikus oder Liedtexte von Heino – dass das System unter solche Umständen einen Sitzplatz tatsächlich zwei Mal vergibt, habe ich noch nie erlebt.

Aber auch wenn Sie nicht reserviert haben und wenn das kleine Display über Ihrem Sitz eindeutig eine Reservierung anzeigt, empfiehlt es sich unbedingt, sitzen zu bleiben und sachlich-freundlich nach der Reservierung des anderen zu fragen. Und vielleicht werden Sie dann überrascht sein: Grob geschätzt fünfzehn Prozent der Platzverdränger haben nämlich ihre Reservierung gar nicht dabei. Entweder weil sie sie in keiner der 35 Taschen ihrer Khaki-Reiseweste finden können, oder weil sie ihnen irgendwo in diesem Zug gestohlen worden sein muss. Vielleicht rechneten sie auch einfach nicht damit, dass jemand auf die Idee käme, seinerseits nach ihrer Reservierung zu fragen. Woraus sich, Sie haben ganz recht, durchaus die Frage ergeben könnte, ob sie tatsächlich jemals eine hatten.

Falls dann aber tatsächlich ein Dokument vor Ihren Augen hin- und herschwankt: Sehen Sie es sich genau an, vor allem, wenn Sie selbst reserviert haben. Mir wurde schon eine Loseblattsammlung von Zugverbindungen präsentiert, eine Fahrkarte für den Nachtzug nach Prag (Schnäppchenpreis). Oder tatsächlich eine Reservierung, allerdings von der Hinfahrt in umgekehrter Richtung. Nehmen Sie sich die Zeit, alle Angaben zu überprüfen, auch wenn der Kartenvorzeiger nervös auf Sie einredet oder von einem Fuß auf den anderen tritt. Beziehungsweise dann erst recht.

Fühlen Sie sich bedrängt, stellen Sie Öffentlichkeit her. Vorhanden ist diese sowieso schon; die meisten Bahnmitreisenden verfolgen Platzkonflikte in ihrer Nachbarschaft begierig und mit wohligem Schaudern und heilfroh, nicht selbst davon betroffen zu sein. Beugen Sie sich einfach zu Ihrer Nebenfrau und fragen Sie, ob Sie schnell mal mit auf die Reservierung »dieses Herren« schauen könnte, die Platznummer stimme zwar überein, aber dies hier sei doch gar nicht Wagen 27, sondern Wagen 28, oder? Noch ein kurzer prüfender Blick Ihrerseits, ein Nicken Ihrerseits, allgemeines Nicken in Ihrer mittlerweile geschlossen zuhörenden Umgebung, und schon können Sie dem anderen lächelnd erklären: »Sehen Sie mal, Sie haben einen Wagen weiter reserviert.«

In den allermeisten Fällen wird Ihr Platzrivale dann einknicken und davonziehen, eine Entschuldigung murmelnd, gar nichts oder einen Fluch.

Es kann aber auch sein, dass er so tut, als verstehe er Sie nicht, gebetsmühlenartig wiederholt, Ihr Platz sei trotzdem seiner, und Sie auffordert, sich zu erheben, ansonsten rufe er den Zugbegleiter. Sind Sie ganz sicher, dass es stimmt, was Sie gesehen haben, sollten Sie sich davon kein bisschen einschüchtern lassen, sondern im Gegenteil auf dem Erscheinen des Schaffners bestehen, am besten sogar auf das des Zugführers und der kompletten Bundespolizei.

Der effektvollste Trumpf ist natürlich der, dass Sie selbst Ihre Reservierung hervorzaubern. (Es ist in dem Fall enorm hilfreich, wenn die Zahlen tatsächlich mit denen des Platzes übereinstimmen, auf dem Sie sitzen ...)

Nur wenn Ihnen der andere Ihre Reservierung aus der Hand nehmen will, sollten Sie vorsichtig sein: Nicht dass er, kaum hält er Ihren Schein in der Hand, darauf tippend, als wäre es sein eigener, Ihnen mit ultimativer Stimme nahelegt, sich zu erheben, denn hier stünde schwarz auf weiß, dass er diesen Platz gebucht habe – schon vorgekommen! Oder dass er, auch das soll schon vorgekommen sein, Ihre Reservierung in kleine Stücke reißt und sich diese in den Mund stopft.

Noch ein Hinweis für den Fall der Fälle, den nämlich, dass Sie beim selbstbewussten Blick auf die eigene Reservierung entdecken, dass Sie es waren, der versehentlich

Platz 69 statt Platz 96 eingenommen hat, dass ferner der Zug zum Bersten voll und Sie auf Gedeih und Verderb darauf angewiesen sind, die Präsentation für Ihren cholerischen Chef bis Fulda fertig zu haben: Der Anspruch auf die Reservierung besteht wie gesagt nur fünfzehn Minuten. Den anderen so lange mit Quizfragen hinzuhalten und dann mit Erlöschen der Reservierungsanzeige lässig zu bemerken: »Sie haben vermutlich recht. Aber jetzt ist es sowieso zu spät, und Sie haben keinen Anspruch mehr auf den Platz – würden Sie mich bitte weiterarbeiten lassen?!«, ist zwar absolut gemein, fies, unterste Kiste. Aber eine Option, über die man Bescheid wissen sollte, übrigens auch, wenn man selbst derjenige ist, der zu seinem reservierten Platz kommt und diesen besetzt vorfindet.

Was aber nun, wenn der akribische Vergleich beider Dokumente tatsächlich ergeben sollte, dass hier entgegen aller Wahrscheinlichkeit zwei formal hundertprozentig korrekte, aber identische Reservierungen vorliegen? Das ist in der Tat ein Fall für den Zugbegleiter.

An den sollte man sich auch wenden, wenn die Platzkonflikte nachhaltiger werden. Oder man beim Einsteigen in den Zug bemerkt, dass der Platz, den man reserviert hat, gar nicht existiert.

Das kommt gar nicht so selten vor, vor allem in Urlaubszeiten. Was nicht daran liegt, dass auch Waggons Urlaub machen, sondern daran, dass es der Bahn offenbar immer noch schwerfällt, sich darauf einzustellen, dass in den Ferien, zu Weihnachten und zu Ostern viel mehr Menschen Zug fahren wollen als sonst. Und auch sonst. Beim Fahrgastverband Pro Bahn erinnert man sich an Zeiten, in denen zwischen Berlin und München so viele Zugverbindungen ausfielen, dass drei Viertel aller Reisenden ihre reservierten Plätze nicht fanden. Und, wie bereits eingangs bemerkt: Es kann auch sein, dass Sie in den Zug kommen – und über keinem einzigen Sitzplatz wird eine Reservierung angezeigt. Vermutlich deshalb, weil die »Diskette«, mit der die Zugbesatzung die Reservierungen einspielt, doch in Düsseldorf vergessen oder versehentlich gegen ein altes »Pac-Man«-Game ausgetauscht wurde. Was tut man dann?

Suchen Sie trotzdem den Platz, den Sie reserviert haben; mit Glück kommt, noch während Sie suchen, eine Durchsage des Zugchefs, mit der er die Sitzenden darum bittet, diejenigen, die reserviert haben, ihre reservierten Plätze einnehmen zu lassen. Pech für die Sitzenden, Glück für Sie – sofern Sie nicht zufälligerweise ein bereits Sitzender sind; übrigens ein weiteres Argument dafür, besser immer einen Platz zu reservieren. Bleibt die Durchsage aus: Sprechen Sie den Zugbegleiter an. Er kann Ihnen vielleicht sagen, in welchem Zwischenwagenbereich noch ein paar Stehplätze an der Toilettentür frei sind. Mehr können Sie nicht erwarten, abgesehen davon, dass Sie Ihre Reservierung zur Erstattung einreichen können. Auch ob Sie sich in die fast leere erste Klasse setzen dürfen, entscheidet allein einer: der Zugchef. Denn in der Eisenbahnverkehrsordnung, Paragraph 13, Absatz 1 heißt es lediglich: »Der Reisende hat Anspruch auf Beförderung.« Und befördert werden kann man theoretisch auch im Gang kauernd, gegen die Toilettentür gepresst, auf seinem Koffer balancierend … Pro Bahn möchte erreichen, dass Fahrgäste, die angesichts dessen lieber aussteigen wollen, nicht nur die Kosten für die entgangene Reservierung, sondern zumindest den vollen Fahrpreis erstattet bekommen.

## Ohne Platz im Zug – Strategien für Unverbesserliche

Und wenn man wirklich so wahnwitzig war, absichtlich ohne Reservierung in den Zug zu steigen? Grundsätzlich kann man sich in der Bahn ja auf jeden freien Platz setzen, auch auf einen reservierten – und hoffen, dass derjenige, der reserviert hat, nicht auftaucht. Eine gewisse Chance dafür gibt es tatsächlich; viele Geschäftsleute, die nicht genau abschätzen können, wann ihr Termin zu Ende ist, reservieren, den Ratschlag dieses Buches beherzigend, trotzdem, und zwar in zwei, drei Zügen hintereinander, um ja nicht in die furchtbare Lage zu kommen, ohne Reservierung fahren zu müssen. An dieser aus der Not geborenen Praxis wird auch die Erhöhung des Reservierungspreises in der ersten Klasse von 4,50 Euro auf 5,90 Euro wenig ändern. Gerät man auf einen solchen prophylaktisch reservierten Platz, hat man Glück. Es gibt auch viel mehr Leute, als man denkt, die sich entschließen, weil es am Meer so schön ist, doch später aus dem Urlaub zurückzufahren, als sie reserviert haben. Oder die gar nicht erst hinfahren, weil sie krank geworden sind oder sich über die Frage, ob man diesmal wirklich schon wieder viel zu viele Klamotten mitschleppen muss, mit ihrem Partner zerstritten und die Scheidung eingereicht haben (in dem Fall haben Sie sogar die Wahl zwischen zwei Plätzen!).

Dann gibt es, weiter vorne war schon davon die Rede, die Sitze mit der Bezeichnung »ggf. freigeben«. Die sind für Leute, die noch in den letzten Minuten vor Abfahrt des Zuges reserviert haben. Es kann sich durchaus lohnen, auf einem dieser Sitze Platz zu nehmen und darauf zu spekulieren, dass niemand ausgerechnet dort reserviert hat. Einziger Nachteil: Das wissen viele Bahnfahrer. Weshalb die Plätze häufig von Reservierungslosen besetzt sind. Und es Menschen gibt, die selbstsicher und mit ostentativ suchendem Blick auf den »Ggf. freigeben«-Bereich zusteuern und, sobald sie im Blick eines der dort Sitzenden eine gewisse Unsicherheit bemerken, nickend sagen: »Sorry, Platz 23!«

Handelt es sich beim anderen um einen höflichen Reisenden, einen, der Konflikten gerne aus dem Weg geht, kann es gut sein, dass er aufsteht, ohne dass der andere eine Reservierung zücken muss.

Eine weitere Strategie, für die man weniger schauspielerisches Talent benötigt, besteht darin, wenn der Zug sich dem nächsten Halt nähert, einfach aufzupassen, ob ein Mitfahrer aufsteht, dessen Platz danach nicht wieder reserviert ist.

Dass auch Restaurant und Bordbistro über nicht reservierte Sitzplätze verfügen, ist kein Geheimnis. Da man zumindest aus dem Restaurant wieder hinauskomplimentiert wird, wenn man weder trinken noch essen will, gibt es gar nicht wenige langjährige Bahnfahrer, in der Regel Handlungsreisende oder Pendler, die allein aus Sitzplatznot zum Trinker geworden sind. Zumindest behaupten sie das, denn natürlich hätten sie das Geld statt in Bier auch in eine Reservierung investieren können.

Ein heißer Tipp unter sehr unerschütterlichen Naturen ist das Kleinkindabteil. Dort fällt es bei allem Gekreische, Gequieke, Gewusel und Gebrüll gar nicht auf, wenn sich noch ein weiterer Erwachsener dazwischenquetscht, vor allem nicht, wenn er sich sofort Brei über das Hemd kippt oder zwei, drei Kinderspielzeuge mit sich führt und ab und zu »Torben, lass das!« in Richtung der tobenden Kleinen ruft.

Allerdings fällt es auf, wenn er sich Gehörschutz in die Ohren stopft. Oder es tatsächlich einen Torben gibt, dessen Eltern vollzählig anwesend und reichlich irritiert sind von dieser Intervention. Und ist überhaupt kein Torben da, finden manche Eltern ein solches Verhalten erst recht seltsam. In dem Fall empfiehlt es sich, in die Offensive zu gehen, zu gestehen, dass man keine Gelegenheit mehr hatte, zu reservieren, aber unbedingt diesen Zug nehmen wollte, weil zu Hause drei Kinder sehnsüchtig auf einen warten. Haben Sie dann noch ein entsprechendes Foto in der Brieftasche, egal mit welchen Kindern – perfekt. (Handelt es sich nicht um Ihre, sollten Sie Ihren Partner frühzeitig einweihen.)

Gehört man aber zu den Zeitgenossen, die aufwendige Tarnspiele und Scharaden verabscheuen, und ist die Platzlage hoffnungslos, hat man immer noch die Möglichkeit, etwas für seine Fitness zu tun und im Zug so lange von hinten nach vorne und zurück zu gehen, bis man an seinem Zielort ankommt. Bislang kostet das keinen Zuschlag. Und: Das kann man im Auto oder im Flugzeug nicht.

### Kommunikation in der Bahn.
### Oder wie man sich davor schützt

Auf den ersten Blick scheint es, als sei die Bahn ein Ort öffentlicher Kommunikation wie jedes andere Verkehrsmittel auch: im Grunde keiner. Im Flugzeug beschränken sich die Gespräche auf ein paar knappe Floskeln zur Klärung der Frage, ob man »durch« oder »rein« darf, und bestenfalls auf ein knappes »Sorry!«, wenn man beim Undercoverkampf um die Armlehne obsiegte. Auch im Nahverkehr, inklusive U- oder S-Bahn, besteht die Kommunikation wenn überhaupt in den allermeisten Fällen aus Nonverbalem plus gegebenenfalls ein paar Entschuldigungen (in Berlin: Beleidigungen), wenn man jemandem auf den Fuß getreten ist. Kaum jemand, der einigermaßen bei Trost ist, käme darauf, einer Wildfremden zwischen dem S-Bahnhöfen Zoo und Charlottenburg ungefragt seine Lebensgeschichte zu erzählen.

Auch in den Fernzügen der Bahn gehen die Gespräche erst mal über knappe Bemerkungen und Höflichkeitsfloskeln zur Klärung der Platz- und Raumfrage nicht hinaus. In den meisten Fällen ist der Ton sogar noch höflicher, einfach, weil man nicht weiß, ob man mit dem Menschen, den man bittet, doch seinen Rollkoffer vom letzten verbliebenen Sitzplatz zu nehmen, nicht vielleicht sogar bis Garmisch reisen muss. Aber je länger die Fahrt dauert, umso größer ist die Wahrscheinlichkeit, dass man doch miteinander ins Gespräch kommt. Beziehungsweise dass einer mit dem anderen ins Gespräch kommen will. Will das der andere auch: kein Problem.

Möchte man aber die Zeit im Zug nutzen, um Dringendes abzuarbeiten, sich zu entspannen, zu schlafen oder endlich einmal intensiv über sein Leben nachzudenken, sollte man sich entsprechend verhalten.

Man könnte denken, dass es, wenn man nicht mit anderen sprechen will, vollauf genüge, dies einfach nicht zu tun. Aber vielleicht ging es auch Ihnen schon einige Male so, dass Sie mit genau diesem Vorsatz in Hamburg in den ICE stiegen. Und ihn in München wieder verließen, ohne eine Minute zu Ihrer Arbeit gekommen zu sein, dafür aber die Bekanntschaft einer Lehrerin aus Lippe/Westfalen gemacht hatten, die Ihnen stundenlang von den bezaubernden Cafés in Rotenburg/Wümme vorschwärmte, sowie die eines pensionierten Tierstimmenimitators, der das charakteristische Gackern eines gemeinen Hybridhuhns so perfekt imitieren konnte, dass alle im Großraumwagen unter ihre Sitze guckten. Nur Ihre Arbeit mussten Sie dann nachts nachholen.

Wer das nicht will, für den ist das Sechserabteil ein Ort, den es zu meiden gilt: Wie schon erwähnt, sind die Compartments, selbst jene im Ruhebereich, wahre Krisenherde ungewollter Kommunikation. Wer sie betritt, hat genau so lange den Eindruck, hier sei es besonders ruhig, bis er seinen Koffer auf die Gepäckablage gewuchtet, den Laptop ausgepackt hat und der Zug sich in Bewegung setzt. Denn spätestens dann wird der Mann von gegenüber sich vorbeugen, auf den Laptop deuten und fragen: »Ist da schon das neue Betriebssystem drauf?« Deshalb noch mal die eherne Regel: Wer seine Ruhe will, sollte die trügerische der kleinen Abteile meiden und sich einen Platz im Großraumwagen reservieren. Gleiche Vorsicht gilt für das Bordbistro oder Bordrestaurant und (aber das versteht sich) das Kleinkindabteil. Erhöhte Kommunikationsgefahr besteht auch an den Tischen im Großraumwagen: Die Situation des Gegenübersitzens auf relativ engem Raum zwingt viele Menschen förmlich dazu, Kontakt aufzunehmen.

Denn, das stellte schon in den 1960er-Jahren Paul Watzlawick fest: Es ist unmöglich, mit jemandem NICHT zu kommunizieren. Wenn nicht mit Worten, so kommuniziert man mit der Modulation der Stimme, dem Sprechtempo, den Pausen – und der Körpersprache. Wollen oder müssen Sie Ihre Ruhe haben, sollten Sie schon nonverbal eindeutige Signale setzen.

Dazu gehört: so wenig Blickkontakt wie möglich. Es ist ein bekanntes Phänomen, dass, wenn man einen der in Fulda verschwitzt zusteigenden Fahrgäste auch nur eine Spur zu intensiv ansieht, sich dieser unbewusst – oder auch bewusst! – sofort bemüßigt fühlt zu fragen, ob der Sitz neben einem frei sei. Und dann hat man den Salat bis Würzburg oder Hannover. Das läuft übrigens auch mit Leuten so, die nicht aus Fulda sind.

Noch mehr animiert zur Kontaktaufnahme werden Menschen, die man in den Bereich eindringen lässt, den Kommunikationspsychologen als »persönlichen Raum« definieren, eine Distanz unter ein Meter zwanzig also, die man aus soziopsychischen Gründen normalerweise nur Freunden und Verwandten vorbehält; aber wie will man in der Bahn verhindern, dass sich jemand zu einem setzt?! Und manche dieser Profis haben durch jahrelanges Zug- fahren trainiert, andere auch dann völlig ungerührt anzu- quatschen, wenn diese ostentativ-verzweifelt auf den Fuß- boden oder aus dem Fenster starren.

Diese kommunikativen Ego-Shooter sind entweder jüngere, meist männliche Reisende, die ein starkes Selbst- wertgefühl besitzen und stolz wie Bolle darauf sind, was sie bislang im Leben oder auf dem eben absolvierten Seminar für Führungskräfte im mittleren Einzelhandels- Management erreicht haben. Dieses Wissen um ihre Ein- zigartigkeit möchten, nein, müssen sie nun unbedingt mit anderen teilen. Oder es handelt sich um (meist weib- liche) Angehörige der älteren Generation, die das inten- sive Bedürfnis haben, ihre politischen Ansichten und die Ergebnisse ihrer letzten Darmspiegelung loszuwerden. Anschließend verlassen sie wie befreit den Zug und lassen sehr betroffene Zuhörer zurück, die angestrengt in sich hineinhorchen und bei nächster Gelegenheit einen Arzt aufsuchen.

Das erste Gegenmittel, diesen Leuten zu entgehen, ist, etwas dabeizuhaben, von dem man vorgeben kann, dass es die eigene Aufmerksamkeit vollauf in Anspruch nimmt.

Haben Sie wirklich viel zu tun, stimmt das ja auch tatsächlich: Sie tippen in Ihren Laptop, flöhen Unterlagen, Akten oder Tabellen, und wenn Sie das mit entsprechender Emphase tun, müssen Sie auch nichts weiter vorgeben; möglicherweise ist das auch die Erklärung, warum so viele Menschen im Zug am besten arbeiten können.

Aber was, wenn Sie »nur« dösen oder nachdenken wollten? Gerade letzteren Zustand scheinen viele notorische Gesprächsverwickler nicht aus eigener Erfahrung zu kennen. Deshalb befürchten sie offenbar, Sie langweilten sich, und trachten erst recht danach, möglichst schnell mit Ihnen in Kontakt zu kommen.

Die Gefahr besteht übrigens auch, wenn Sie ein Buch lesen. Bei manchen Superkommunikatoren ist die Hemmschwelle, Bücherleser ins Gespräch zu ziehen, offenbar deutlich geringer als die Hürde, Leute ins Gespräch zu verwickeln, die intensiv mit einem technischen Gerät beschäftigt sind. Und sicher, man kann auf dem Handy die einfältigsten Daddelspiele machen oder alternativ zwischen Berlin und Leipzig wunderbar 22 Mails an Freunde und Bekannte tippen, die man ewig nicht mehr gesehen hat, und die sich aufgrund des schwankenden Netzes leider nicht versenden lassen. Nur: Nachdenken kann man dabei nicht.

Neulich gestand mir ein bekannter Autor, er führe genau deshalb auf Bahnreisen einen mobilen DVD-Spieler mit sich, kaum größer als ein Buch. Auf dem spiele er, mit aufgesetzten Kopfhörern, diese aber wohlweislich auf »stumm« gestellt, einen Arzt- oder Heimatfilm ab, der ihn nicht die Bohne interessiere, und währenddessen, darauf komme es an, schiele er über das Gerät hinweg seitwärts aus dem Fenster und hänge seinen Gedanken nach. Allerdings, das habe er auch schon bemerkt, bestünde gerade bei Arzt- und Heimatfilmen die Gefahr, dass einem andere Leute noch mehr auf den Pelz rückten, einfach weil sie sich für den Film interessierten.

Dennoch, ob mit DVD-Spieler oder ohne: Ohrstöpsel oder Kopfhörer sind eine gute Erste Hilfe. Am meisten Signalwirkungen haben diese ohrumschließenden dickgepolsterten Kopfhörer, gerne in Grellorange, mit denen man aussieht wie ein 6oer-Jahre-Studioreporter oder ein Fluglotse – Instrumente, deren Aufsetzen normalerweise selbst der Unsensibelste wahrnehmen muss und die jedes Gespräch ersterben lassen.

Jedoch gibt es erstaunlicherweise Menschen, die beeindruckt nicht mal das. Jedenfalls lässt es sich kaum vermeiden, Ihr Gegenüber im Affekt anzusehen, wenn diese sich vorbeugt und Ihnen aufs Knie tippt, um zu fragen, ob Sie mal schnell auf ihre Tasche aufpassen könnten.

Übrigens ein beliebter Trick, um ins Gespräch zu kommen. Wenn sie zurückkommt, wird sie sich selbstredend bedanken und hinzufügen, es sei heute im Zug ja so voll, ob das vielleicht an der Ferienzeit liege, denn in Nordrhein-Westfalen seien ja schon Schulferien oder zumindest bald, zumindest seien dort irgendwann in nächster Zeit irgendwelche Ferien geplant, aber vielleicht wüssten Sie ja Näheres, und wenn nicht, könnte sie, dann wüssten sie alle beide Bescheid, denn es sei ja wichtig!, schnell mal ihrer Freundin Rosa eine Whats-App-Nachricht schreiben, die sei Grundschullehrerin, und was die erlebe, das gehe auf keine Kuhhaut: Erst neulich habe ihr doch ein Vater angedroht, sie zu verklagen, weil sie seinen Sohn nicht oft genug in Mathe aufrufe …

Bei vielen dieser Reisebekanntschaften hilft es, während sie einen ansprechen, die Kopfhörer auf den Ohren zu lassen und diese höchstens ein paar Mal umständlich und sehr kurz zu lupfen. Bei denen, die auch beim dritten oder vierten Lupfen hartnäckig bleiben, kann man irgendwann dazu übergehen, mit entschuldigendem Lächeln nur noch auf die Kopfhörer zu zeigen und sie nicht mehr abzunehmen. Oder aber man simuliert mit wiegendem Kopf und rollenden Augen musikalische Ekstase: Das knockt den härtesten Kommunikator aus. Man sollte nur sicher sein, dass, bleibt jemand hartnäckig, er/sie Ihnen nicht lediglich mitteilen wollte, der Zug werde in Kürze evakuiert.

Haben Sie die Kopfhörer allerdings fatalerweise schon abgenommen und finden dann heraus, dass der Grad der Wichtigkeit der Mitteilung Ihres Gegenübers doch sehr relativ ist, bleibt nur eins: sich als denkbar unattraktiver Gesprächspartner zu erkennen zu geben. Es gibt Menschen, denen gelingt das ohne weitere Anleitung, sie sind sozusagen naturbegabt. Als kurze Anregung für alle anderen: Man sollte so kurz wie möglich antworten und bei jeder selbstverständlichen Frage (»Fahren Sie zum ersten Mal Bahn?«) so konsterniert wie möglich erwidern (»Bahn? Wie Bahn? Was verstehen Sie darunter?«). Extrem verzögerte Dialoge – kennen Sie zufälligerweise die Faultierszene aus dem Film »Zoomania«? –, unvollendete Sätze, ein Blick wie Klaus Kinski, ein gespieltes irres Lachen: Alles kann helfen. Jedoch, um der Wahrheit die Ehre zu geben, ohne Garantie: Es gibt Menschen, die daraufhin umgehend vom Helfersyndrom übermannt werden und sich erst recht auf einen stürzen, sodass einem letzten Endes wenig mehr übrig bleibt als Wagen, ja Zug am nächsten Halt zu verlassen.

Natürlich können Sie auch ganz offen sagen: »Ich hätte gerne meine Ruhe, ich muss arbeiten. Und denken.«

Aber diese Offenheit ist nicht jedermanns Sache. Ebenso wenig, sich als Ausländer auszugeben, der kein Wort versteht. Ein alternativer Ausweg: Sie verlassen das Abteil, vorgeblich, um auf die Toilette zu gehen, suchen anderswo nach einem freien Platz und deponieren dort Ihre Jacke oder Ihren Pullover. Und kehren dann zurück – »sorry, mein Zeitfenster schließt sich!« – und holen Ihr restliches Gepäck.

### Was, wenn Sie sprechen und jemanden kennenlernen wollen?

Haben Sie andererseits schon einmal darüber nachgedacht, dass ein Zug im Grunde ideal ist, um nette Leute kennenzulernen? Wenn Sie es schaffen, einen Platz in einem der kleinen Sechserabteile zu bekommen, ist die Sache schon gebongt: Alles, was Sie noch tun müssen, ist, nach allen Seiten zu grinsen, jedem der fünf Mitreisenden freundlich zuzunicken, sich in Ihren Sitz fallen zu lassen und zu ächzen: »O Mann, diese Bahn!«. Sofort wird sich Ihnen die Aufmerksamkeit von mindestens einem oder zweien zuwenden, und Sie können zum Besten geben, wie Sie in Bonn, Koblenz oder gar Andernach auf dem Bahnhof erst falsch beraten wurden, dann den Zug verpassten und schließlich in einem Ersatzzug landeten, der erstens zu spät kam, zweitens ganz woandershin fuhr, nämlich nach Hodenhagen oder Gronau (sorry dafür), und drittens auf halber Strecke liegen blieb. Sie können sicher sein: Da fällt den anderen auch ein Thema ein, und im Nu sind Sie im Gespräch, können noch ein paar Stories von Ihrer verpfuschten Kiefer-OP einflechten, erzählen, dass sich Ihr Schwager eine Insel im Pazifik gekauft hat, die leider ständig überschwemmt ist – und schwups!, sind Sie bestens gelaunt von Mannheim nach Hamburg gedüst. Und haben vier neue Freunde gewonnen, alle im Abteil, also außer der Spaßbremse mit den signalroten Kopfhörern, die ständig verbissen auf ihrem Laptop herumtippte und so tat, als verstehe sie nicht, als Sie nach ihrem Betriebssystem fragten. Also dem Betriebssystem ihres Computers. Das hat sie auch nicht kapiert, aber egal.

Wenn es im Sechssitzerabteil besonders gut läuft, holt jemand aus dem Bordrestaurant eine Runde Bier – Tipp: Machen Sie das doch zuerst. Fast immer aber zieht einer der Mitfahrer wenigstens Kekse oder Schokolade aus der Tasche. Im Großraum käme keiner darauf.

Und wenn es nicht gut läuft, lauter Stockfische um einen herum sitzen, dann kann man auch direkt ins Bordrestaurant gehen – dort finden sich relativ mühelos Gleichgesinnte (mehr dazu später). Und auch Singles, die einen Partner suchen.

Überhaupt, wenn Sie es darauf anlegen, sind die Chancen im Zug theoretisch weit höher als in jedem Datingportal. Egal, ob Sie auf Partnersuche sind, illegalerweise todsichere Anlegerpapiere oder Sterbeversicherungen verkaufen oder aber für einen obskuren Verein zur Unterstützung Bahngeschädigter mit bisher einem Mitglied (Ihnen selbst) sammeln wollen: Bis zur nächsten Station kann Ihnen keiner entkommen, denn der Zug ist ein geschlossenes System. Die Türen sind während der Fahrt verriegelt, die Fenster lassen sich meist auch nicht öffnen – tatsächlich kommen immer wieder Morde in Zügen vor, eine abscheuliche Serie ereignete sich beispielsweise vor Jahren in oberitalienischen Zügen, doch das würde den Rahmen dieses Buches endgültig sprengen. Aber wenn

Sie Ihren Traummann von Platz 75 oder Ihre Traumfrau auf Platz 86 entdecken: Dies ist die ideale Gelegenheit. Alles, was Sie benötigen, ist ein bisschen Fantasie, um zu erreichen, dass er oder sie diese furchtbaren signalroten Kopfhörer abnimmt ...

## Wie man mühelos ins Gespräch kommt.
## Und wie die Bahn dazu ihren Teil beiträgt

Es gibt allerdings Situationen, da ist, ganz egal, wie zurückgezogen man sonst auch reisen mag, Kommunikation unumgänglich. Dann nämlich, wenn der Zug auf freier Strecke unvermittelt stehen bleibt und keine Anstalten macht, weiterzufahren – und/oder dann, wenn es plötzlich in den Lautsprechern knackt und der Zugchef nach einer spannungsgeladenen Pause eine Verspätung oder eine Verzögerung ankündigt. Auch wenn diese sich erst mal noch harmlos anhören mag (mehr dazu später), unter Bahnreisenden ist es üblich, dabei Blickkontakt zu suchen, die Augenbrauen zu heben, zu seufzen, den Kopf zu schütteln oder gar zu murmeln: »Nicht schon wieder!« oder »Immer dasselbe mit der Bahn!«. Das dient nicht nur dem kurzen Beleg dafür, dass man der deutschen Sprache mächtig ist, beziehungsweise der allgemeinen Selbstvergewisserung, dass man im Kreise von bahnerfahrenen Profis reist. Es ist auch ein oft unbewusster psychologischer Prozess, der bei diesem scheinbaren Austausch von Floskeln abläuft und letztlich dazu dient, schon einmal miteinander ins Gespräch gekommen zu sein, sich also schon »zu kennen« – für den Fall, dass die Verzögerungen oder Störungen zu handfesten Problemen werden.

Der Mensch als soziales Wesen nämlich schart sich, wenn Gefahr droht, gern mit seinesgleichen zusammen, und dann, so sagt uns das atavistische Überlebensprogramm, das seit den Zeiten des Säbelzahntigers tief in uns allen schlummert, kann es auf jeden ankommen: die Alphafrau, die den Zugbegleiter, der nur vorbeihuschen will, ohne etwas zu sagen, mit einem einzigen eisigen »Halt!« stoppt und nach dem wahren Grund befragt, warum erstens dieser Zug hält und es zweitens immer wärmer wird. Den viel reisenden Manager, der aus Erfahrung weiß, dass der vorherige Zug wegen eines baulich bedingten Umwegs montags zuverlässig 55 Minuten Verspätung hat. Die Krankenkassenmitarbeiterin, die als Einzige die App DB Navigator dabeihat und nachsehen kann, ob das mit der Verspätung heute auch zutrifft. Den Freak, dessen Smartphone als Einziges hier vielleicht Netz hat, denn ohne Netz funktioniert die App nicht. Den Mechaniker vom Berliner Flughafen, der den Freak mühelos unter die Decke des Waggons heben kann, damit dieser sein Handy in wirklich jede Ecke halten kann, um zu sehen, wo sich das Netz versteckt hat. Und die Entwicklungshelferin/Ärztin ohne Grenzen auf Heimaturlaub, die, als die Innentemperatur des Zuges sich der defekten Klimaanlage wegen unerbittlich der Fünfzig-Grad-Marke nähert, kurz entschlossen mit dem Nothammer die Scheibe einschlägt.

Gut, so weit muss es natürlich nicht kommen. Es reicht auch schon, wenn man auf der Rückreise von Bozen nach Hamburg samt allen Mitreisenden in Rosenheim in einen Ersatzzug umsteigen muss, der etwa halb so lang ist wie der ursprüngliche und den obendrein an jeder seiner vielen Haltestellen noch Anlauf nehmende Einheimische besteigen.

Aber dennoch manifestieren sich in uns Reisenden frühzeitig soziale Prozesse, die später sehr wichtig werden können. Und immer wieder bietet auch die Bahn mit ihren Ansagen gute Anlässe, prophylaktisch ins Gespräch zu kommen. Ist in den Durchsagen von »Störungen im Betriebsablauf« oder »Kopplungsproblemen in Hannover« die Rede, sorgt in der Gemeinschaft der Bahnfahrer allein schon das für Heiterkeit; Insider bekommen einen Lachanfall, wenn vom »letzten Anschlusszug nach Gronau« die Rede ist. Doch die Bahnleute schaffen es immer wieder – Experten streiten sich, ob freiwillig oder nicht –, einerseits für Gesprächsstoff für den ganzen Zug zu sorgen (»Falls sich an Bord ein Lokführer befindet, soll er sich bitte an die Zugspitze begeben!«) und andererseits mit entwaffnenden Geständnissen potenzielle Konfliktsituationen zu entschärfen (»Wir haben zur Zeit eine Verspätung von 25 Minuten. Wir werden diese bis Berlin noch ausbauen!«). Zu den Klassikern der Bahnkommunikation, die von Zugbegleitern gerne aufgegriffen werden, mittlerweile ironisch, gehört die »ofenfrische Brezenverkäuferin«, die einen ebenso »gerne erwartet« wie die Restaurantbesatzung. Und ab und zu gibt es Highlights wie: »Soeben wurde im WC eine Stoffhose gefunden. Der Besitzer kann sie im Speisewagen abholen.« Der Erste, der nach dieser Ansage in die Richtung geht, darf vermutlich mit Applaus rechnen. »Ich finde, solche Ansagen sind als Stimmungsbringer unterschätzt«, sagte der Journalist Marc Krüger, der auf Facebook entsprechende Stilblüten sammelt und auch auf Twitter als »Bahn-Ansagen« verbreitet, der »Süddeutschen Zeitung«: »Menschen mögen es einfach, wenn es ein bisschen menschelt.« Die Zahl seiner Follower geht in die Zehntausende, und eigentlich ist es höchst erstaunlich, dass die Bahn nicht schon selbst darauf gekommen ist, ihre Durchsagen bewusst als Anti-Ärger-Instrument einzusetzen. Stattdessen hat der Konzern seit einigen Jahren auch den Anteil der englischsprachigen Durchsagen stark reduziert. Die waren früher, vor allem in Situationen, für die sich im bahninternen Regelbuch kein Standardspruch findet, immer wieder Quell ungläubig-überraschter Heiterkeit der Passagiere. Mancher Zugführer, der die gewagten Übertragungen deutscher Begriffe ins Englische gekonnt mit schwäbischer oder sächsischer Mundart paarte, sammelte in seinem Zug (»treeen«) eine schnell wachsende Fangemeinde, die kichernd und prustend auf den nächsten Halt wartete.

Derartige Entertainertalente in den Reihen der Bahn haben es nun schwer. Nach dem Erfolg des satirischen Bahn-Reiseführers von Lutz Schumacher und mir, dessen Titel »Senk ju vor träwelling« die damals noch bei jedem Stopp gebräuchliche Abschiedsformel der Bahn verballhornte, lagen bei den Bahnoberen die Nerven so blank, dass man in den Durchsagen sogar den Abschiedsspruch änderte, um, gestand mir eine Bahn-Verantwortliche später, nicht mit jeder Durchsage Werbung für unser Buch zu machen: Das markige »Thank you for travelling« wich einem blassen »Thank you for choosing«. Eine Neuauflage unseres Bestsellers unter diesem Titel wurde vom Verlag wegen mangelnder Attraktivität des Spruchs verworfen. Und in der Bahn wird nun weniger gelacht. Ob das auf Dauer die richtige Kundenbindungsstrategie ist, wird sich zeigen.

## Lauttelefonierer, was sie antreibt und wie man sie knackt. Vielleicht …

Es passiert mir immer wieder. Ich muss zum Zug, aber ausgerechnet heute folgt ein Ärgernis auf das nächste: Es ist 6.22 Uhr, es regnet in Strömen, das Taxi kommt zu spät, auf dem Weg zum Bahnhof ist Stau, und wir erreichen den Bahnhof so knapp, dass ich die Treppen zum Gleis hochhetze und gerade noch in meinen Zug springen kann (den richtigen!). Die Türen schließen sich, der Lärm des Bahnhofs ist weg, der Zug setzt sich in Bewegung, die typische morgendliche ICE-Atmosphäre umfängt mich: Die anderen Reisenden lesen, tippen auf ihren Laptops, sehen auf ihre Smartphones, manche starren noch müde vor sich hin und halten sich an ihrem mitgebrachten Kaffeebecher fest. Kaum jemand redet, und wenn, dann leise, alle müssen erst in den Tag starten. Nur der Mann neben mir, um die sechzig, graues Haar, wirft ungeduldig seine Unterlagen vor sich auf den Tisch und zieht. Sein Handy!

»Brenner!«, ruft er hinein. »Mönnichmeier, gut, dass ich Sie erreiche. Wir müssen unbedingt noch mal über die Projektsteuerung für diese Karstadt-Sache reden. Das haut hinten und vorne nicht hin. Sie wissen ja, was da bei dem Pitch für den Vorstand auf dem Spiel steht. Da haben wir schon einen Vorsprung, weil wir den Botorox-Leuten ihre halbe Abteilung abgeworben haben, wovon niemand weiß, und dann schießt Terjahn dazwischen, wirft Nebelkerzen, verzögert alles: Ist der denn noch bei Trost …?« Alle Umsitzenden sind zu Beginn des Gesprächs kurz zusammengezuckt, nun kramen einige hektisch Kopfhörer heraus, andere starren den Grauhaarigen mit stillem Vorwurf an.

Den scheint das kein bisschen zu stören, im Gegenteil, so viel Beachtung beflügelt ihn erst recht. Er dreht die Lautstärke um noch zwei weitere Stufen auf und filetiert diesen Terjahn schon am Telefon so und Mönnichmeier gleich mit, dass niemand der zwangsläufig Zuhörenden mit den beiden tauschen möchte. Nicht nur das: In lediglich fünf Minuten fallen so viele Namen und Zahlen, dass ich meinerseits Karstadt sofort ein attraktives Gegenangebot machen könnte.

Stattdessen gehe ich auf die Toilette und hoffe, dass es vorbei ist, wenn ich wiederkomme. Aber weit gefehlt, Grauhaar telefoniert nun offenbar mit Terjahn. Und da er meine anfangs noch gequält freundlichen, dann zunehmend finsteren Blicke ebenso wenig wahrzunehmen scheint wie mein diskretes Deuten auf das Zeichen für »Ruhebereich« direkt hinter ihm − den Kopf mit dem Finger am Mund und dem »Psst« und das durchgestrichene Handy (sagen Sie jetzt bloß nicht: »Ach so, das heißt das!«) −, bleibt mir schließlich nur eins: zu versuchen, im nächsten Wagen noch einen Platz zu finden.

Auch abseits der Ruhezonen sind Lauttelefonierer im Zug eine Pest. Wie die Facebook-User ihre Familienfotos breiten sie nicht nur Geschäftsinterna und Prozessstrategien vor allen aus, die es nicht interessiert. Frauen erzählen telefonierenderweise von ihrer beginnenden Menopause (»Ich könnte mir die Kleider runterreißen, jetzt gleich!«), streiten sich ungehemmt mit ihrem Partner oder beichten auch 25 Umsitzenden ihren Seitensprung. Männer erzählen ihrer Sekretärin, dass sie die Affäre nach dem nächsten Treffen beenden müssen. Rentner wählen mit piependem Tastendruck x-fach hintereinander eine elend lange Nummer und brüllen dann: »Lieselotte? Ich bin's, Paul. … PAUL! Ja, Paul. Lieselotte, hör mal: Ich wollte nur sagen, dass der Zug pünktlich in Fulda ist … nein: PÜNKTLICH! … PÜNKT… Was? Ich kann Dich nicht … Lieselotte, Du musst lauter sprechen … LAUTER! … Was? Lieselotte, leg auf, ich versuch es noch mal! NEIN! ICH RUFE DICH SOFORT WIEDER AN …!«. Und da sind noch die Frauen im jugendlichen Alter, die mühelos die ganze Fahrt von Frankfurt nach Köln per Handy mit ihrer besten Freundin durchquasseln, die sie sowieso gleich sehen, und da sie sich noch gleichzeitig schminken, die Fingernägel feilen, die Fußnägel abknipsen und zwischendurch quieken müssen, die andere solle aufhören, »Scheiß zu labern«, stellen sie dabei ihr Handy auf Lautsprecher.

Erstaunlicherweise ist in solchen Momenten der Empfang im Zug immer einwandfrei, das Netz ist da, und es verschwindet auch nicht, so sehr man stumm darum bittet. Vermutlich würden es aber auch die wenigsten Lauttelefonierer merken, wenn das Netz unterbrochen wäre, und selbst wenn, würden sie vermutlich voller Inbrunst weiterreden.

Solche Mitreisenden wären für Stefan Gärtner und Jürgen Roth wohl »Handyterroristen«. In ihrem Buch »Benehmt euch!« kommen die Autoren zu dem Schluss, in unserer Gesellschaft greife die Verrohung der Sitten um sich. Das zeige sich auch im Straßenverkehr und in den öffentlichen Verkehrsmitteln: Man gehe immer respektloser miteinander um. Nettigkeiten und Diskretion verschwänden. Stattdessen diagnostizieren die Autoren »Stumpfheit und Rücksichtslosigkeit, Krach als Ausdruck sozialen Rowdytums und Schamferne als Boten unentrinnbaren Schwachsinns«. Dass es nur um einen selbst gehe, das würde den Leuten im Fernsehen vorgelebt; die Ursachen sehen Gärtner und Roth in Geldgier und Konsumwahn. »Und so lassen sich alle, vom Rentner bis zum Kleinkind, immer weiter in einen Statuswettkampf verstricken, in dem derjenige weiterkommt, der keine Rücksichten nimmt.«

Wie auch immer: Die Leute, die telefonierenderweise auf unseren Nerven herumtrampeln, schaffen es auch ganz ohne signalrote Kopfhörer, sich komplett von der Umwelt abzuschotten. Ob sie daraus auf Dauer einen evolutionären Vorteil ziehen können, das wird in den Zügen derzeit noch jeden Tag aufs Neue verhandelt. Nicht überall übrigens: Fährt man in der Schweiz Bahn, ist man erst mal verblüfft darüber, wie es sein kann, dass in so vollen Zügen niemand am Telefon den Macker macht.

Aber bleiben wir bei uns.

Keiner derer, die da vor vielen Ohren selbstverständlich ihre Intima ausbreiten, einschließlich Adresse und Kontonummer, scheint Bedenken zu haben, ausgeforscht oder ausgespäht zu werden. Vielleicht, weil sie sich selbst so wichtig nehmen, dass sie davon überzeugt sind, sie und ihre Aussagen, und sei es die über die aktuelle S-Bahn-Station – »bin Savignyplatz!«, »bin Charlottenburg!« –, stünden ohnehin längst im Fokus des allgemeinen öffentlichen Interesses.

Wenn jemand mit dem Verwalter seines Hauses auf Mallorca telefoniert und ihn bittet, den Pool vorzuheizen und für das Fest übermorgen noch fleischloses Grillgut zu kaufen, mag das bei so manchem Zuhörer tatsächlich ungläubigen Neid wecken – der tolle Hecht da kann sicher auch auf zwei Fingern pfeifen.

Andere erinnern sich an psychologische Erklärungsversuche, wonach Menschen wie diese in Wahrheit unter Minderwertigkeitskomplexen leiden, die es dringend zu kompensieren gilt. Und da man im Zug nur schlecht mit einem verspoilerten Mercedes AMG mit extralautem Doppelauspuff herumfahren kann, bleibt den Komplexbeladenen eben nur die Flucht in ein Telefonat vor möglichst vielen Bewunderern – und sei es ein fiktives.

Wissenschaftler haben übrigens tatsächlich den schon immer gehegten Verdacht bestätigt, dass Telefongespräche Mithörende weit mehr stören als normale Unterhaltungen. Wer unfreiwillig Zeuge von Telefonaten wird, fanden Psychologen der kalifornischen University of San Diego heraus, fühlt sich stärker gestört als jemand, der ein Gespräch zwischen zwei anwesenden Menschen mitbekommt. Der Mithörer kann sich nach einem Telefongespräch sogar – so viel zu Firmengeheimnissen und Intimem! – weit besser an gehörte Details und Begriffe erinnern. Die Forscher erklären das damit, dass unser Gehirn bei Telefonaten stärker aktiviert wird, weil es automatisch versucht, den Inhalt des Dialogs zu erfassen, aber sich das, was der am anderen Ende Telefonierende sagt, selbst zusammenreimen muss. Der Grund, weshalb wir Telefongespräche als besonders anstrengend und störend empfinden.

Tatsächlich gibt es Menschen, die zu den Zeiten, in denen besonders viele Businessleute unterwegs sind, im Zug lieber die zweite als die erste Klasse wählen, um den Egotelefonierern auszuweichen.

Andere nehmen den Kampf auf, gegebenenfalls mithilfe des Zugbegleiters, sofern dieser sich findet. Denn auch Zugbegleiter sind es leid, von Telefon-Alphas beiderlei Geschlechts für die freundliche Bitte, den Ruhebereich zu respektieren, abgekanzelt zu werden. Und da sind wir wieder beim Buch von Gärtner und Roth: Einsicht in falsches Verhalten, das war vielleicht gestern, wenn überhaupt. Der Lauttelefonierer tut erst, als sei er nicht gemeint, geht als Nächstes vielleicht kurz, aber nur zum Schein auf den Wunsch nach leiserem Telefonieren seinerseits ein und wird dann oft unverschämt. Was wenig erstaunt; schließlich zeugt der Akt des Lauttelefonierens an sich schon von wenig Rücksichtsbereitschaft gegenüber anderen.

Was also tun, wenn Ansprache nicht hilft, auch nicht der Hinweis, man solle doch bitte in den Telefonbereich gehen, dort sei der Empfang besser?

Ich habe schon erlebt, dass jemand sein eigenes Handy zückte und versuchte, den Lauttelefonierer zu imitieren beziehungsweise zu übertönen. Ungefähr so: »Hi, na, wie geht's? Du, es gibt gar nichts Neues, absolut nicht, ich rufe dich einfach nur so an, weil ich gerade im Zug sitze und die Leute um mich herum alle auch unnötige Gespräche führen. Und deshalb wollte ich einfach auch mal unnötig telefonieren, hallo? Hallo?! Hallo!!! ...«

Auch das ist nicht immer von Erfolg gekrönt. Ich habe selbst schon einmal im letzten ICE zwischen Hamburg und Berlin mein Handy ans Ohr gehalten und so getan, als telefonierte ich mit dem Kerl im weißen Hemd, der in der Reihe hinter mir saß und alle mit volltönender Stimme informierte, wie enttäuscht er sei, dass »Nasen-Otto« nicht zum Abiturjubiläumstreffen gekommen sei.

»Kein Wunder«, rief ich in mein Smartphone. »Nasen-Otto hatte Angst! Er hat auch Angst vor Menschen, die in Zügen zu laut reden, vor allem wenn sie weiße Hemden tragen, wusstest du das nicht? ...«

In dem Moment tippte mich die Frau an, die mir gegenübersaß, und forderte mich auf, das rücksichtslos laute Telefonieren sofort zu unterlassen.

Ich versuchte zu erklären, dass ich gar nicht telefoniert, sondern höhere Ziele verfolgt habe. Die Frau schrie, jetzt werde ich mieser Telefonfetischist aber unverschämt. Und der Typ im weißen Hemd hinter mir bekam von alledem nichts mit. Er brüllte bereits über »Vera-die-ständig-meckert-und-nie-einen-abkriegt«.

## Von fremder Musik, Zitteraalen, Klopfern und anderen Rüpeln

Möglicherweise ermutigt das Beispiel der Lauttelefonierer andere, ihre Bahnmitreisenden an noch mehr akustischen Freuden teilhaben zu lassen. In einem gut gefüllten ICE Frankfurt – Hamburg hörte ich, wie am anderen Ende des Großraumwagens plötzlich ein Mann mit halblauter Stimme aus dem ersten Band von »Harry Potter« vorzulesen begann. Die Umsitzenden schienen offenbar nichts dagegen zu haben. Nach einiger Zeit fiel mir auf, dass die Stimme des Mannes mir bekannt vorkam: War das nicht der Schauspieler Rufus Beck? Neugierig schlenderte ich näher, und tatsächlich: Es war Rufus Beck. Beziehungsweise seine Stimme. Sie kam aus einem CD-Abspielgerät, das auf einem Tisch stand. Davor saß eine Frau um die dreißig und lauschte gespannt, während alle Umsitzenden sich Mühe gaben wegzuhören. Gerade als ich mich näherte, fasste sich die Frau neben ihr ein Herz und fragte die »Harry Potter«-Anhängerin zaghaft, ob sie denn keine Kopfhörer dabeihabe, denn sie wolle etwas lesen, allerdings das neue Buch von Richard David Precht. Die Hörbuchfrau zuckte die Schultern und teilte ihr lapidar mit, sie wolle nicht gestört werden. Daran hielten sich die Umsitzenden auch mit bewundernswerter Disziplin, bis der Hörbuchfan samt CD-Spieler beim nächsten Halt ausstieg.

Ein Bahnfahrer berichtete im Internetforum »ICE-Treff« von ganz Ähnlichem: In einem ICE Frankfurt-Paris holte morgens um sieben Uhr plötzlich »einige Sitzplätze von mir entfernt ein älterer Mann sein iPhone heraus und schaute Musikvideos in hoher Lautstärke ohne! Kopfhörer in Dauerschleife«. Zur Rede gestellt, machte der Musikfan seine Musik zwar ein bisschen leiser, man hörte sie aber trotzdem noch. Der entnervte Forumsschreiber musste in einen anderen Wagen umziehen.

Nicht zu vergessen den Klassiker, den es in den Zügen immer noch gibt: Der Musik-mit-Kopfhörer-wie-ohne-Kopfhörer-Hörer, früher meist männlich, heute aber auch weiblich, der sich die Druckwellen der Beats und Bässe durch Kopf und Körper jagt und dabei zuckt wie ein Zitteraal, während alle um ihn herum ebenfalls in den Genuss der Musik kommen.

Und dann sind da noch jene Leute, die zu treffen man bereits durch geschickte Wahl seines reservierten Platzes (kein Kleinabteil, kein Tisch) zu vermeiden hoffte: Siebzehnjährige auf ihrer letzten Klassenfahrt. Kegel- oder Fußballclubs. Frauen, die ohne ihre Männer zum »Mädelswochenende« nach Rügen fahren. Absolventen eines Kurses im Management – egal wofür. Allesamt Protagonisten, bei denen drei Attribute eine Eigenschaft spielen: Alkohol, Ausgelassenheit und Lärm. Entweder im Kopf oder in Form eines Gettoblasters. Merkwürdigerweise ist genau in solchen Momenten auch das Zugpersonal meist weit weg, sodass man allein damit zurechtkommen muss, dass jetzt das Recht des Lauteren, Stärkeren gilt. Mancher Bahnfahrer hat in solchen Momenten schon dem Reisen per Zug für immer abgeschworen und hat künftig wieder das Auto genommen, wo er wenigstens seine eigene Musik und in selbstbestimmter Lautstärke hören kann.

Ich möchte mich an dieser Stelle vorbehaltlos einer Idee Ruhe liebender Bahnreisender anschließen und der Deutschen Bahn vorschlagen, für die unzähligen genussbedürftigen Gruppenreisenden in jedem Zug mindestens einen schallisolierten Partywagen einzurichten, mit Getränkeausschank, Tanzfläche, Diskokugel an der Decke, Nebelwerfern und natürlich Mucke laut und satt.

Da die Konzernspitze sich diese Geschäftsidee bisher durch die Lappen gehen ließ, fühlt sich allerdings eine andere Spezies der Kleingruppen diskriminiert und bemüßigt, mit veritablen Bahn-Ballermann-Horden gleichzuziehen: die Familien.

Weiter vorne in diesem Buch habe ich eine Lanze für all die Eltern gebrochen, die es im Kinderabteil nicht aushalten. Nun muss ich zu jenen kommen, bei denen es wirklich gut wäre, wenn sie es im Kinderabteil doch aushalten würden: jene Eltern, die ab dem Moment, in dem sie erschöpft vom ersten Teil des Tages den Zug betreten, auf ihre Sitzplätze niedersinken und so tun, als seien die Kinder in ihrer Begleitung nicht ihre. Die Kleinen scheinen das genau zu wissen, sie packen dann mit Vorliebe iPads, Kopfhörer mit nach außen gedrehten Hörmuscheln oder quäkende Spielecomputer aus, und nach erschreckend kurzer Zeit wird eins der Kinder anfangen, mit einem harten Gegenstand (Bauklötzchen, Ihre Brille, Kopf eines der anderen Kinder) rhythmisch gegen den Tisch zu klopfen, an dem Sie verzweifelt versuchen, die Tastatur Ihres Laptops zu treffen.

Wer glaubt, es reiche, den offenbar an Wahrnehmungsstörungen leidenden Eltern an diesem Punkt einen Hilfe suchenden Blick zuzuwerfen, wird erleben, dass der Vater bewusst verständnislos zurückstarrt und offenbar kurz davor ist, sein Handy zu ziehen und den Lauttelefonierer zu geben. Die Mutter hingegen reagiert zumindest, wenn man seine Bitte um Hilfe verbalisiert.

»Wie bitte?«, fragt sie mit leicht entgeistertem Blick.

»Könnten Sie bitte Ihr Kind bitten, nicht mehr auf den Tisch zu klopfen, ich muss hier dringend etwas fertigmachen«, wiederholt man.

»Ach so!«, sagt die Mutter mit herablassend geschürzten Lippen, »müssen Sie?«

»Ja, bitte …«, antwortet man tapfer. Die Mutter wirft einem noch einen verächtlichen Blick zu und sagt dann zu ihren Sprösslingen: »Mia, Leon, ihr habt gehört, was der Mann gesagt hat!«

»Welcher Mann?«, fragen die Kinder entgeistert. Die Mutter, schon wieder vertieft in ihr illustriertes Klatschblatt mit Victoria Beckham auf dem Titel, deutet wortlos mit dem Kinn auf einen, woraufhin die Kinder einen zur Kenntnis nehmen, als sei man ein bisher unbekanntes Insekt. Die Aufmerksamkeitsspanne, zu der sie fähig sind, dauert allerdings nur wenige Sekunden. Dann machen sie genau dort weiter, wo sie eben aufgehört haben. Erinnert man die Mutter irgendwann wieder an seine Bitte, schaltet sich der Vater ein und sagt, nun sei es »aber wirklich gut«. Vielleicht meint er seine Kinder. Die Wahrscheinlichkeit, dass er Sie meint, ist aber größer. Viele Väter nämlich befinden sich in einer Art Dauerkampfmodus gegen den spießigen Rest der Welt, der ständig von ihrer Brut verlangt, sie möge Rücksicht nehmen, statt erst einmal anzuerkennen, dass sie, die Väter, allein mit dem Akt der Zeugung schon so viel für den Fortbestand unserer Art und den Erhalt unseres Rentensystems getan haben, dass jedes weitergehende Anliegen nichts weniger als einen unverschämten Affront darstellt.

## Stinkerkäse, Knoblauchbrot und noch mehr
## Attacken auf die Nasenschleimhäute

Früher ließen sich in den Zügen die Fenster aufklappen oder sogar zur Hälfte herunterziehen. Für das Unternehmen Bahn war das nicht so praktisch; zu einer meiner Kindheitserinnerungen zählt, wie ein vom fluchenden Schaffner durch den halben Regionalzug verfolgter jugendlicher Schwarzfahrer, er trug schwarze Lederjacke mit Fransen, stehen blieb, dem Mann von der Bahn lässig den Mittelfinger zeigte (eine damals noch nicht so verbreitete und daher unter Kids eher als weltläufig geltende Geste), das Fenster neben meinem Platz aufriss, mit beiden Händen in die Gepäckablagen griff und sich im Tarzan-Style nach draußen schwang. Man muss dazu noch sagen: Der Zug hielt gerade an einem kleinen Vorstadtbahnhof.

Der Schaffner versuchte, beobachtet von zwei Dutzend Schülern, durch das Fenster hinterherzukommen, scheiterte an seinem Bauch, sah mich grinsen, wollte meine Schülermonatskarte sehen, zerriss sie, nannte mich einen Schwarzfahrer und rief, ich müsse aussteigen. Glücklicherweise verhinderte das eine mitreisende Frau, die alles beobachtet hatte.

Vor ein paar Jahren fuhr ich in abgelegeneren Gegenden Deutschlands, namentlich im Osten, immer noch in Zügen mit solchen Wagen. Da diese keine Klimaanlage hatten, waren die zu öffnenden Fenster einerseits sehr nützlich; machte man Durchzug, konnte man es im Sommer während der Fahrt ganz gut aushalten. Andererseits war die Frage, ob die Fenster offen sein sollten und wenn ja, wie viele, ein steter Quell des Konflikts unter den Mitfahrern. Und von wegen, die Leute sind heute rücksichtsloser geworden und setzen das Recht des Stärkeren durch: Ich erinnere mich an Situationen, in denen Reisende wechselseitig in immer schnellerer Folge aufsprangen und das Fenster aufrissen beziehungsweise zuknallten, was einerseits etwas von einer Slapstick-Choreografie hatte, bei der andererseits körperliche Gewalt schon fast greifbar in der Luft lag.

Schmerzen hatte man nach einer solchen Zugfahrt in vielen Fällen: Der Luftzug sorgte dafür, dass man den Kopf die zwei Tage bis zur Rückfahrt nicht mehr nach links oder rechts drehen konnte.

Unumstritten sinnvoll bei dieser Art Zugfenster aber war ihr prompter Lüftungseffekt – der tatsächliche und der symbolische. Kam man in ein Abteil, das roch, als hätte hier jemand Blähungen gehabt, sich erbrochen oder zumindest konsequent Wasser und Seife gespart, ließ sich die olfaktorische Lage mit einem Griff zum Fenster relativ schnell entspannen. Es sei denn, der Seilzugmechanismus, der das Nach-oben-Schieben des Fensters unterstützte, war schon so ausgeleiert, dass sich die Scheibe immer wieder von alleine schloss. Und saß man einer Frau gegenüber, die sich die Nägel lackierte oder dranging, mit wohligem Seufzen eine komplette Käseplatte auszupacken, inklusive Bergkäse, Harzer Roller und diversen Sorten Stinkerkäse, konnte man aufspringen, ostentativ nach Luft schnappen und dann mit großer Geste eins der umliegenden Fenster nach dem anderen aufreißen. So lange, bis sie wortlos wieder einpackte oder zumindest fragte: »Stört Sie das?«

Versuchen Sie das mal in einem Zug von heute. Die meisten haben mittlerweile Kabinen mit leicht erhöhtem Luftdruck, der die trommelfellbelastenden Luftdruckstöße bei der Einfahrt in einen Tunnel oder der Begegnung mit einem Gegenzug reduzieren soll; da wirken offene Fenster kontraproduktiv. Und der ICE ist ein komplett abgeschlossenes System, bei dem kein Luftaustausch nach draußen stattfindet außer über die Klimaanlage: Im ganzen Zug lässt sich kein einziges Fenster öffnen. Wenn die Klimaanlage versagt, kann es deshalb wirklich unangenehm werden.

Und ebenso wenig kann man schnell mal das Fenster öffnen, wenn jemand seine Käseplatte auftischt oder an heftigen Blähungen leidet. Nicht einmal symbolisch. Obwohl das Lüftungssystem natürlich etwas gegen Gerüche unternimmt, wenn auch nicht so abrupt: Mit dem Verschwinden der Schiebefenster ist so ein großer Teil der nonverbalen Kommunikation unter Bahnreisenden weggefallen. Wer sagt denn heute schon: »Würden Sie bitte Ihren Käse wieder einpacken oder ihn zumindest auf der Toilette essen?« Das wäre doch intolerant, oder gar spießig? Also schweigt das Gros der Reisenden lieber und leidet still, und die Stinkerkäsefreunde lachen sich ins Fäustchen.

Und es sind nicht nur Stinkerkäsefreunde unterwegs. Da sind noch die Fans von Knoblauchbrot, manchmal ist auch Wurst dabei. Und Stinkerkäse- und Knoblauchbrotesser stehen an dieser Stelle als pars pro toto: Auch in den Zügen des Nahverkehrs greift ein Trend um sich, den Autoren von Werken über Benimm und den Verfall der Sitten als »die neue Schamlosigkeit der ohnehin schon Schamlosen« bezeichnen mögen: Wie schon beim lauten Telefonieren tragen viele Menschen das, was sich früher im Privaten abspielte, nun freimütig und ungehemmt in die Öffentlichkeit, ohne auch nur einen Gedanken daran zu verschwenden, ob dies andere stören könne, nach dem Motto: Friss, Nachbar, oder stirb! In dem Fall ihr Frühstück oder Abendessen. Wobei die Grenzen zwischen den Mahlzeiten sehr fließend geworden sind: Morgens um kurz nach neun kann es in der Hamburger S-Bahn durchaus passieren, dass jemand schmatzend sein Frühstück in Form eines fetten Döners verzehrt. Ich habe um die Uhrzeit auch schon Freunde asiatischer Nudeln erlebt, Fans von Pizza mit Stinkkäse, Liebhaber von Burgern mit Pommes und Cola. Und einmal einen Mann um die fünfzig, der mit der Müslischüssel in der Hand einstieg, sich setzte und gedankenverloren vor sich hin löffelte. Bis er völlig erschrocken merkte, dass er noch seinen Schlafanzug trug.

Es mag gute Gründe dafür geben, weshalb immer mehr Menschen immer exotischere und geruchsintensivere Mahlzeiten nicht nur im Fernverkehr einnehmen – dort wäre zumindest der Wunsch, seinen Hunger zu stillen, verständlich –, sondern auch in S-Bahnen und Nahverkehrszügen auf dem Weg zur Arbeit: zunehmender Arbeitsdruck und Lebensstress; zu langes Schlafen; die Unfähigkeit, sich in der heimischen Küche zurechtzufinden; der Wunsch, anderen zu zeigen, dass sie einem völlig egal sind; eine Mutprobe im Sich-unbeliebt-Machen, bevor man dem tyrannischen Chef unter die Augen tritt.

In den Fernzügen fallen daneben noch andere Gerüche auf, einfach weil man ihnen nicht so schnell entfliehen kann wie im Nahverkehr: ungewaschene Mitreisende, bestialisch riechendes Handgepäck – manchmal ist nur die Buttersäure ausgelaufen, manchmal ist tatsächlich ein Tier drin, für das man vor der Abfahrt nicht mehr die vorgeschriebene Transportbox besorgen konnte. Weshalb der Hase, die Ratte, die Schlange in der Handtasche kauert, angstvoll pischernd und kotend und vor allem auf die Chance hoffend, diesem entsetzlichen Gefängnis zu entkommen, sobald es sich auch nur einen Spaltbreit öffnet, etwa wenn die Besitzerin bei der Kontrolle ihre Fahrkarte sucht …

Manchmal reicht es auch schon für eine Geruchsattacke, wenn man nichts ahnend den Tischabfallbehälter aufklappt. In dem seit Tagen – denn ausgerechnet dieser Behälter wurde vom Reinigungsteam permanent vergessen – eine gammelige Bananenschale mithilfe eines Rests Erdbeerquark und dreier alter Kaugummis fantastische Faulgase entwickelt, bei denen man spontan versucht ist, seinerseits etwas Mageninhalt hinzuzufügen.

Das Problem bei allen olfaktorischen Attacken ist: Es gibt bislang keine Nasenstöpsel für die Reise. Natürlich kann man seine Nase, um den ersten Schock abzumildern, mit Ohrstöpseln oder Tempotüchern zustopfen; erfahrene Bahnfahrer sind deshalb auch gar nicht so traurig über den chronischen Schnupfen, den sie mithilfe der Klimaanlage mühelos aufrechterhalten. Aber will man mit zugestopfter Nase wirklich die ganze Zeit auf seinem Platz sitzen und vor sich hin hecheln wie ein durchgeknallter Schäferhund? Auch hier also gibt es bislang keine bessere Alternative, als den Sitz zu wechseln. Man sollte, bevor man anderswo fragt, ob ein Platz frei ist, nur lieber die Taschentücher aus der Nase nehmen.

## Trotz aller Psychopathen:
## Die meisten Bahnfahrer sind großartig

Denn, wer kennt das nicht aus eigener Erfahrung – und zugegeben, im eigenen Auto ist das nicht so: Bei einer Fahrt mit der Bahn kann man Menschen begegnen, denen man lieber nicht begegnet wäre und bei denen es auch nicht mehr hilft, den Platz zu wechseln. Menschen, die es auf einen abgesehen haben. Ich meine jetzt nicht so sehr den eben schon kurz erwähnten Hibbler, dessen Körper im Takt seiner vielleicht auch nur inneren Musik so zuckt, dass es seine Sitznachbarn mit durchschüttelt – dessen Nähe kann man fliehen, und sei es um den Preis eines längeren Aufenthalts im Zwischenwagenbereich.

Kniffliger ist es, wenn der Zug auf offener Strecke plötzlich stehen bleibt (bei Fußballexperten hieße das: eine Standardsituation). Und der Sitznachbar wendet sich an einen und gibt keine lustigen Erlebnisse aus dem Regionalzug nach Münster zum Besten, sondern erzählt, er habe für solche Fälle, denn man wisse ja nie, was jetzt gerade zu Hause los sei: Sturmflut, Hochwasser, Tornado, zufälligerweise genau die passende Versicherung im Angebot.

Oder, noch kniffliger, er habe sich unsterblich in einen (in Sie!) verliebt und wisse genau, dass der Ehering an Ihrer Hand doch nur dazu diene, den Schein zu wahren, denn in Wahrheit fühle man doch genauso wie er (das Ganze kann natürlich beiden Geschlechtern auch mit einer Frau passieren). Und dann können Sie immer noch Willibald Metzler begegnen, der auch unbedingt mit Ihnen reden will, aber weil er in Ihnen seinen vor dreißig Jahren verstorbenen Cousin wiedererkennt oder weil er Ihre Brille nicht mag oder sich Ihr Handy »nur schnell mal für ein paar Telefonate auf der Toilette« ausleihen möchte (Sie werden doch nicht ..!). Natürlich kann man Willibald Metzler, der auch völlig anders heißen kann und einen trotzdem durch den halben Zug verfolgt, in zunehmender Intensität abblitzen lassen und schließlich die Flucht in die Toilette antreten und damit sogar einigermaßen erfolgreich sein.

Allerdings: Es ist nie restlos auszuschließen, dass Willibald Metzler ein hochgradig aggressiver Psychopath ist, der wartet, bis Sie wieder rauskommen, und solang Ihren Koffer durchwühlt und Ihre Schlüpfer zu Konfetti zerschneidet. Insofern empfiehlt es sich, zu Willibald Metzler und seinen Epigonen freundliche Distanz zu wahren und sich in nichts verwickeln zu lassen, was diese Ebene verlassen könnte.

Manchmal ist das allerdings unmöglich, da passiert einfach, anderen oder einem selbst, ein Unglück, das Dritte in Mitleidenschaft zieht, und dann ist man ungemein dankbar, dass die Gemeinschaft der Bahnfahrer so tolerant ist. Einmal, es ist schon Jahre her, saß ich mit meiner Familie im IC von Hamburg nach Ribnitz-Damgarten West, und meine Tochter, damals vier, war krank. Aber das merkten meine Frau und ich erst, als sie, kurz nachdem unser Zug den Bahnhof verlassen hatte, ihr Franzbrötchen, von dem sie die ganze Zeit abgebissen hatte, senkte. Und alles, was sie von diesem Franzbrötchen schon im Magen hatte, und dazu noch das Morgenmüsli in hohem Bogen erbrach. Über uns, über unsere Sitze, über die zwei, drei Sitzreihen vor uns und zu beiden Seiten. Ich habe in einem voll besetzten Großraumwagen der Deutschen Bahn noch nie eine solche Stille erlebt wie in den Sekunden danach. Alle Betroffenen, uns eingeschlossen, saßen wie gelähmt und wünschten sich innerlich wohl nur eins: dass das, was geschehen war, nie geschehen wäre.

Und was dann folgte, war unglaublich: Niemand machte meiner Familie und mir den geringsten Vorwurf. Nicht einmal die Leute, deren Kleider und Haare von nun an so lange nach Erbrochenem riechen würden, bis sie sich umziehen und duschen könnten. Auch nicht die Frau neben uns, die plötzlich aufsprang, sich ihrerseits die Hand vor den Mund hielt und in Richtung Toilette rannte. Im Gegenteil: Ein etwa sechzigjähriger Herr tröstete uns, er habe selbst Enkel, das könne schon mal passieren, und half uns, umzuziehen. Meine Frau und ich waren angesichts all dessen so dankbar wie überwältigt. Auch von der Zugbegleiterin, die lächelnd tat, als käme das jede Stunde vor, uns ein Abteil als Ersatz besorgte, Antigeruchs-und-Reinigungsschaum verteilte und uns nachher obendrein Kaffee brachte.

Kurz: Die Bahn kann manchmal auch ganz großartig sein. Obwohl, um genau zu sein, es ist nicht die Bahn. Es sind die Menschen.

# Sommer, Winter und sonstige Störungen im Betriebsablauf

So großartig und umsichtig manche Menschen, Zugbegleiter inklusive, bei der Bahn aber auch sein mögen: Was hilft das, wenn die Technik nicht mitmacht?! Viele langjährige Bahnfahrer tragen ein kleines Trauma in sich, und das beginnt mit der bereits erwähnten symptomatischen Situation: Auf freier Strecke bleibt der Zug ohne Anlass plötzlich stehen, gern mit einem kleinen dramatischen Ruck. Dann passiert erst einmal gar nichts. Und schließlich ist über Lautsprecher ein Tuten zu hören und/ oder ein »Zugführer bitte!«. Wenig später folgt dann eine Durchsage, die den gesamten weiteren Tagesablauf nachhaltig ändern kann und die im Wesentlichen drei Elemente beinhaltet.

Erstens, die Begründung, warum es nicht mehr weitergeht. Das Spektrum der Möglichkeiten reicht hier von einer unbestimmten »technischen Störung« über noch unbestimmtere »Störungen im Betriebsablauf«, über konkretere Begründungen wie »Bauarbeiten« oder »wegen einer Langsamfahrstelle« bis hin zu »einem Böschungsbrand«, »weil sich der Zugführer verfahren hat« oder dem

»Notarzteinsatz« beziehungsweise dem »Personenunfall«. Letzteres kommt je nach Statistik irgendwo in Deutschland jeden Tag zwei-, drei- oder auch viermal vor; einige Hundert Menschen beenden auf diese Weise jedes Jahr ihr Leben. Nach einem solchen Schienensuizid wird die Strecke meist zwei bis drei Stunden für polizeiliche Ermittlungen gesperrt. Danach, und wenn der Selbstmörder geborgen ist, gibt man die Strecke wieder frei. Bei den meisten Eisenbahnunternehmen in Deutschland wird dann ein anderer Lokführer gerufen; der bisherige, der in der Regel genau miterlebt hat, wie sich der Unglückliche auf das Gleis stellte, ohne bei dem langen Bremsweg des Zuges auch nur das Geringste daran ändern zu können, wird freigestellt, auf Zeit als arbeits- oder dienstunfähig eingestuft und seelsorgerisch und therapeutisch betreut.

Als Fahrgast ist es in solchen Fällen das Beste, einfach sitzen zu bleiben, seine Termine, wenn Netz ist, zu verschieben, und die Zeit zum Arbeiten, Lesen oder Leute-Kennenlernen zu nützen. Denn nach zwei, drei Stunden wird der Zug garantiert weiterfahren. Mithilfe eines Zugbegleiters oder der Navigator-App nach Alternativen zu suchen lohnt sich nicht, schließlich kann man den Zug nicht auf freier Strecke verlassen und einen vorbeifahrenden Zug anhalten und entern. Manchmal schafft es auch die Leitstelle der Bahn, die Wartezeit zu verkürzen, indem sie den Zug zurücksetzen und einen anderen Weg nehmen lässt.

Passiert eine solche Streckensperrung allerdings, wenn der Zug noch im Bahnhof steht, kann es sich lohnen, mit dem DB Navigator Alternativen zu eruieren. Aber noch mal, auch wenn es schwerfällt: Geduld und Umsicht sind besser als hektischer Aktionismus, der unter unglücklichen Umständen dazu führen kann, dass man zehn Stunden später auf dem Bahnhof von Andernach, Rheinland-Pfalz, wie von Sinnen auf den Bahnsteigmülleimer eintritt statt in Hamburg-Harburg gemütlich beim Abendessen zu sitzen.

Eine gewisse Entspanntheit zahlt sich auch aus im Umgang mit den anderen bahnbedingten Zwischenfällen und Verspätungen, die über Lautsprecher mehr oder weniger exakt benannt werden. Um es gleich zu sagen: Die Durchsagen in den Zügen sind ebenso mit Vorsicht zu genießen wie die Auskünfte des Personals. Was, ich wiederhole, nicht am Charakter der Bahnleute liegt, sondern an deren Informationsstand, den Sie mitunter mithilfe der Navigator-App übertrumpfen können. Und der Stand der Navi-App wiederum kann flugs von der Realität übertrumpft werden. Was wiederum bedeuten kann, dass, kaum haben Sie sich samt allen Mitreisenden hektisch und mit angehaltenem Atem in einen viel zu kurzen, dafür aber zum Bersten vollen Ersatzzug gezwängt, Ihr alter Zug majestätisch und völlig leer den Bahnhof verlässt und Ihren Ersatzzug überholt.

Insofern gilt das Motto: Ein Aus- oder Umstieg sollte gut überlegt sein, und es ist immer besser, vorher mehrere Quellen zurate zu ziehen (»Aktuelle Alternativen« und »Live-Auskunft«). Und den Zugbegleiter zu fragen kann auch nicht schaden. Klar, das dauert etwas länger, als wenn Sie Hals über Kopf aus dem Zug hasten. Aber es ist nicht ausgeschlossen, dass Sie dann am Ende der Einzige sind, der den Bahnhof einigermaßen pünktlich verlässt, verfolgt von den neiderfüllten Blicken der Zusammengepferchten im Zug am Bahnsteig gegenüber.

## Kritische Jahreszeiten, Erste Hilfe und
## warum Smartphonebesitzer im Vorteil sind

Die anderen Störungen, die Ihrem Zug so zustoßen können, sind im Wesentlichen jahreszeitlich bedingt. Mein Mitautor Lutz Schumacher und ich führten vor einigen Jahren in unserem Buch »Der Anschlusszug kann leider nicht warten« das Bonmot (oder eher: Malmot) ein: »Vier Feinde hat die Bahn: Frühjahr, Sommer, Herbst und Winter.« Das muss man heutzutage relativieren: Die kritischen Jahreszeiten sind auf drei geschrumpft, als da sind Sommer, Winter und der Rest der Jahres, in dem jederzeit Stürme über Deutschland hinwegrasen können, die Bäume entwurzeln und auf Schienen und Oberleitungen werfen, und in dem Wolkenbrüche Wassermassen ausspeien können, die Bahndämme unterspülen, Tunnels füllen, Gleise blockieren. Wenn das direkt vor Ihnen auf der Strecke passiert, kann man auch nichts machen; wenn es doch eine Alternative geben kann, zieht man seine Elektronik zurate – sind Sie bislang notorischer Gegner von Smartphones: Bahnfahrer zu sein ist der beste Gegengrund. Allerdings lohnt es sich ebenso, die Nachrichten und den Wetterbericht zu verfolgen und sich zu überlegen, ob man wirklich am selben Tag von Mannheim nach Saarbrücken fahren muss, an dem dort Orkan »Robert« durchkommt. Ähnliches gilt für extreme Wetterlagen im Winter. »Extrem« kann schon plötzliches Eis sein, das Weichen und Oberleitungen gefrieren und diverse Bahnhofschefs ausrutschen und stürzen lässt. Extrem können je nach Empfindsamkeit des Loktyps (vgl. weiter vorne in diesem Buch) auch Schneefälle sein, die man selbst irrtümlicherweise für unbedeutend hält, deren Flocken aber in die Lüftungsschlitze bestimmter

Loktypen eindringen und dort Unheil anrichten können. In jedem Fall extrem sind stärkere Schneefälle. Stehen die an, sollte man Zugfahrten meiden, auch wenn einige Bahnfahrer sich noch wohlig schaudernd daran erinnern, wie romantisch es war, Weihnachten in stecken gebliebenen Zügen zu feiern, sich mit der Sitznachbarin aus Herne den letzten Wintermantel zu teilen und die Geschenke für die Familie an Menschen zu verschenken, die vor Kurzem noch Wildfremde waren, vielleicht sogar Lauttelefonierer! Manche Reisenden fanden in dieser Situation angeblich sogar die große Liebe, zumindest bis zur nächsten Zugpanne.

Extrem können aber auch ganz normale Schneefälle sein. Und das, wo die Deutsche Bahn nach eigenen Angaben jedes Jahr siebzig Millionen Euro für die Vorbereitung auf den Winter ausgibt, bundesweit 41 Abtau- und Enteisungsanlagen und eine Glykolbehandlungsanlage einsetzt und ein Heer von angeblich rund 28 000 Mitarbeitern. Als jüngst für Nordrhein-Westfalen Schnee und Frost angesagt waren, erließ die Deutsche Bahn dennoch prophylaktisch ein weiträumiges Tempolimit für viele ihrer ICEs. Statt 230 bis 300 Stundenkilometer sollten die nur noch 200 fahren, auch da, wo gar kein Schnee liegt. Der Grund: Unter den Zügen könnten Eisklumpen hängen bleiben, die dann auf wärmeren Streckenabschnitten abfallen, auf den Schotter im Gleisbett prallen und Steine und Eis hochwirbeln, die wiederum die empfindliche Unterseite der Wagen beschädigen können. Bei reduzierten Geschwindigkeiten schätzten die Bahnexperten dieses Risiko als geringer ein. Infolge des gebremsten Tempos verlängerten sich viele Fahrten, viele Reisende erreichten ihre Anschlusszüge nicht. Aber der Bahn war das lieber als ein Riesenchaos mit komplett ausgefallenen

Zügen. Und: Das große Riesenchaos blieb tatsächlich aus.

Man kann davon ausgehen, dass man bei der Bahn hofft, solche Zwischenfälle – habe ich schon erwähnt, dass auch Tauwetter Züge lahmlegen und tauender Schnee Weichen verstopfen kann? – würden bald ganz der Vergangenheit angehören. Weniger der Technik als des Klimawandels wegen. Für alle Fälle schaffen die Züge des neuen ICE 4, der ab Dezember 2017 zum Einsatz kommen soll, sowieso nur noch 250 Stundenkilometer und damit achtzig Stundenkilometer weniger als der Vorgängerzug ICE 3.

Mit dem ICE 4 soll Bahnfahren auch im Sommer ganz anders werden: Die Züge, mit denen laut Bahnchef Rüdiger Grube »eine neue Ära im ICE-Verkehr« beginnt, sollen besser klimatisiert sein und höhere Temperaturen lockerer wegstecken. Klimaanlagen sind sommers die Achillesferse der Bahn. Wenn die Temperaturen auf viel mehr als dreißig Grad Celsius steigen, fallen sie aus – teils in kompletten Zügen, teils nur in einzelnen Wagen. Nach einigen Fällen vor Jahren, in denen in ICEs erst die Klimaanlagen kollabierten und dann die Fahrgäste, sind die Eisenbahner sensibel geworden. Bei Ausfällen oder Teilausfällen der Klimaanlage in den ICEs werden die Wagen oder der Zug schnell evakuiert; ein Notvorrat an Mineralwasser lagert immer im Bistro.

Probleme kamen in den letzten Jahren auch in den Regionalbahnen vor. Früher, als es noch keine Klimaanlagen gab, öffneten die Fahrgäste, wenn es heiß wurde, einfach die Fenster. Heute geht das nicht mehr, denn die neuen Wagen sind klimatisiert. Nur: Fallen die Klimaanlagen aus, wir hatten das schon, lassen sich auch die Fenster nicht mehr öffnen.

Teuflisch, wenn die Hitze dann nicht nur die Kühlsysteme ausknockt. Die Weichen, die vielen wunden Punkte des Streckennetzes, sind nicht nur eis-, schnee- und matschempfindlich. Heizt die Sonne sie lange genug auf, können sie sich verziehen; heißes Metall dehnt sich aus. Nur ein paar Millimeter, aber die genügen für eine automatische Störungsmeldung. Das wiederum bedeutet: Die Stecke muss gesperrt werden, Techniker müssen kommen und die Weiche wieder frei geben. Dumm, wenn das auf einem Streckenabschnitt passiert, den der Zug nicht einfach umfahren kann. Noch viel dümmer, wenn dann obendrein die Klimaanlage schwächelt.

Wichtigster Grundsatz in dem Fall: keine Panik! Der menschliche Körper hält mehr aus, als man denkt. Temperaturen von mehr als 35 Grad allerdings, und die hat man in Zügen schnell, wenn die Klimaanlage versagt, können ihn doch an seine Grenzen bringen. Besonders gefährdet sind Babys, kleine Kinder, Alte und Kranke; aber auch Gesunde können Kreislaufprobleme, Übelkeit und Schwindel entwickeln. Im extremen Fall droht ein Hitzschlag.

Erste Regel: Wer sich länger in solcher Wärme aufhalten muss, sollte sich möglichst oft hinsetzen. Denn wird es dem Körper zu heiß, weiten sich die Blutgefäße, um Wärme abzuführen. Wer steht, dem kann es passieren, dass zu viel Blut in die Beine fließt, das dann im Kopf fehlt. Einem schlecht durchbluteten Hirn droht Bewusstlosigkeit. Sollte es einmal so weit kommen, dass das ihrem Nachbarn im Zug widerfährt und er einfach umkippt: Kein Drama, drehen Sie ihn in die stabile Seitenlage. (Sie wissen nicht, wie? Zeit, den Erste-Hilfe-Kurs aufzufrischen!)

Steckt man im Zug in der Hitzefalle, ist aber das Wichtigste, die körpereigene Klimaanlage zu aktivieren, das

Schwitzen. Legen Sie zu warme oder beengende Kleidung ab. Kühlen Sie sich mit Wasser oder feuchten Tüchern Stirn, Nacken und überall dort, wo Sie es angenehm finden. Und, oberstes Gebot: Trinken Sie genug. Zumindest im Sommer sollte man sich nicht allein auf den Wasservorrat im Bordrestaurant verlassen, sondern selbst Wasser dabeihaben; mehr dazu, was Sie noch mitführen sollten, finden Sie am Ende des Buchs.

Man sollte unbedingt auch auf Durchsagen achten und das Zugpersonal beobachten, um abschätzen zu können, in welchem Szenario man sich befindet: Hat der Zugchef oder die Zugchefin die Lage im Griff und ist absehbar, dass man nicht mehr zu lange schmoren muss, lässt sich die Situation meist aushalten. Verhält sich das Personal indifferent, sollte man keine Scheu haben, es aufzufordern, sofort etwas zu unternehmen, und, so es das Telefonnetz erlaubt, im Zweifel selbst Rettung herbeitelefonieren. Das empfiehlt sich auch, wenn die Lage insgesamt nicht absehbar ist oder weiter zu eskalieren droht.

Schnelle Hilfe ist vor allem dann nötig, wenn einem oder mehreren Mitreisenden tatsächlich ein Hitzschlag droht. Symptome sind: erst flache und schnelle Atmung, die sich dann stark verlangsamt, heißer Körper, Herzrasen, dazu können Krämpfe und Desorientierung kommen. Ein Hitzschlag kann tödlich ausgehen, und der Betroffene braucht schnell einen Arzt oder den Rettungswagen. Vorläufige Erste Hilfe: Man zieht dem Leidenden die Kleider aus, kühlt seinen gesamten Körper mit feuchten Tüchern und gibt ihm genug zu trinken. Zweite Hilfe: Man sollte keine Skrupel haben, mit dem Nothammer ein oder zwei Fenster einzuschlagen, wenn der Zug irgendwo herumsteht und das die Situation erleichtert.

Am besten allerdings, man kommt gar nicht erst in die missliche Situation, bei über dreißig Grad in einem stehenden, ungekühlten Zug vor sich hin köcheln zu müssen. Wenn sich bei heißem Wetter die Zugverspätungen häufen, kann das ein Signal sein, den Besuch beim alten Schulfreund Gerald um ein paar Tage zu verschieben. Oder sogar den Urlaub, es sei denn, man hat sowieso einen Survival-Trip gebucht. Eigentlich erstaunlich, dass bei der Deutschen Bahn noch niemand darauf gekommen ist, die Kämpfe mit den Elementen so zu vermarkten.

Übrigens geht das nicht nur dem größten Eisenbahnunternehmen in Deutschland so. Als im Sommer 2016 die Temperaturen gen Sommer anstiegen, bekamen die zwischen Hamburg und Westerland auf Sylt verkehrenden Züge der Nord-Ostsee-Bahn Probleme. Sie mussten immer wieder anhalten und warten, weil es bei den Trafos der Loks zu Überhitzungen kam. Etliche Züge verspäteten sich oder fielen ganz aus. Dabei handelte es sich um neue Loktypen, die als modern und besonders umweltfreundlich gelten – aber möglicherweise keine Wärme vertragen.

Sie, liebe Leser, schütteln den Kopf, schlagen die Hände darüber zusammen oder lachen vielleicht nur noch resigniert und fragen nach einer Erklärung für all das. Man bekommt sie nicht, nur so viel: Mit der Bahnreform 1994 beschloss man Knall auf Fall, dass die Züge, die bis dahin von der Bundesbahn gebaut und bis zu ihrem Einsatz lange getestet wurden, manchmal auch zu lange – dass diese Züge künftig von der Industrie gebaut werden sollten, Punkt. Offenbar hat die Industrie bis heute mit dieser Aufgabe zu kämpfen. Und ebenso die Bahnkunden, die im Live-Betrieb als Beta-Tester eingesetzt werden.

## Wann es Geld zurückgibt.
## Und wann man ins Hotel muss

Nein, für die Unannehmlichkeiten einer Weihnachtsfeier an Bord zwischen Osnabrück und Münster oder eines höllischen Hitzestopps in der Bahn vor Wolfsburg existiert in den Fahrgastrechten keine Entschädigungsregelung. Auch wenn es schon Fälle gab, in denen gebeutelte Fahrgäste den Konzern wegen Freiheitsberaubung und Nötigung verklagten, regulär gibt es nur eine hilfsweise Möglichkeit: Hitze- oder kältegeplagte Fahrgäste können von der Verspätungsentschädigung der Bahn profitieren. Ein Mitnahmeeffekt, aber ein logischer, in den meisten Fällen nämlich kommen sie bei witterungsbedingten Turbulenzen deutlich später an als vorgesehen. Und ab sechzig Minuten verspätetem Eintreffen am Ziel, das besagen die Fahrgastrechte, bekommt man 25 Prozent des bezahlten Fahrpreises erstattet. Ab 120 Minuten fünfzig Prozent. Den Zuschlag für den ICE Sprinter gibt es schon ab dreißig Minuten zurück.

Und natürlich, diese Entschädigungen stehen selbstredend nicht nur Hitze- und Kälteopfern zu, sondern allen ohne eigene Schuld verspäteten Reisenden. Das übrigens auch in anderen EU-Ländern; die europäische Fahrgastrechtverordnung für Bahnfahrten ist wesentlich kundenfreundlicher als die entsprechende Regelung bei Flügen. Dort gibt es keine Entschädigungen für Verspätungen wegen schlechten Wetters, Streiks oder durchgeknallter querender Schafe. Die Bahn dagegen muss auch dann zahlen. Aber wie gesagt: erst ab sechzig Minuten Verspätung – jetzt wissen wir auch, warum die Führer verspäteter Züge noch mal richtig Gas geben, damit es ja nur 58 oder gar 59 Minuten werden.

Davon nicht betroffen ist die bereits erwähnte Regelung, dass die Zugbindung Ihrer Fahrkarte nicht mehr gilt, sobald für Ihren Zug zwanzig oder mehr Minuten Verspätung angekündigt sind. Sie können also dann einen anderen Zug benutzen – davon ausgenommen sind nur die reservierungspflichtigen ICE Sprinter – und sich dann, je nachdem, wann Sie ankommen, noch einen Teil des Fahrpreises erstatten lassen. Nur der Vollständigkeit halber: Das gilt natürlich nicht, wenn Sie beim Umsteigen – unabsichtlich oder gar absichtlich – einen Zug mit anderer Streckenführung genommen haben, vielleicht sogar einen der normalerweise gefürchteten Rundfahrtzüge, die München ab Hamburg via Berlin, Mannheim oder Frankfurt ansteuern, weshalb sie garantiert deutlich später ankommen …

Um aber nun einen unter Hitzeopfern weitverbreiteten Irrtum aufzuklären: Wer auf eigene Faust, wenngleich absolut nachvollziehbarerweise einen Problemzug verlässt, in dem es immer heißer wird, der jedoch nach wie vor pünktlich ist, dem steht keineswegs automatisch eine Entschädigung oder wenigstens freie Zugwahl beim Ersatzzug zu. Im schlimmsten Fall verfällt die Fahrkarte mit Zugbindung (bevor Sie sich aufregen: Das ist immer noch besser als beispielsweise der Hitzetod). Im besten Fall bestätigt einem der schwitzende halb nackte Zugbegleiter vor dem Ausstieg den Defekt der Klimaanlage und hebt die Zugbindung der Fahrkarte auf, damit man mit dem nächsten Zug weiterfahren darf.

Eingeschränkt sind die Entschädigungen der Bahn auch bei den Zeitkarten von der Bahncard 100 bis hin zu den Länder- oder Schönes-Wochenende-Tickets. Hier bezahlt die Bahn ab einer Stunde Verspätung eine pauschale Entschädigung – von zehn Euro für einen Besitzer der 100er-Card bis hin zu 1,50 Euro für einen per Länderticket Reisenden. Dazu kommt noch das erschwerende Moment, dass die Deutsche Bahn Entschädigungen erst ab vier Euro auszahlt. Für den allein reisenden Länderticketfahrer ein Dilemma, selbst wenn sein Hund und sein Fahrrad dieselbe Verspätung haben wie er. Wem es auf die Entschädigung ankommt, dem bleibt nur eins: Karte aufheben, bald wieder per Länderticket fahren und inständig hoffen, dass auch dieser Zug wieder Verspätung hat, damit man mit den gesammelten Entschädigungen über die Auszahlgrenze kommt. Ich gebe zu, ein echt perfider Anreiz, Bahn zu fahren ...

Schnell zurück zum Fernverkehr. Fährt der Zug mit mehr als sechzig Minuten Verspätung ein oder lässt einen so lange am Gleis stehen, gehen, stapfen, hüpfen, hat man Anspruch auf Erfrischungsgetränke und etwas zu essen.

Ab einer Stunde Verzögerung (oft gleichbedeutend mit »auf unbestimmte Zeit verspätet«) kann man aber auch die »Exitoption« wählen und sich den vollen Fahrpreis erstatten lassen. Man füllt das Fahrgastrechte-Formular von der Bahn-Website aus und schickt es zum Servicecenter nach Frankfurt. Oder, rät das gemeinnützige Onlineverbrauchermagazin »Finanztip«, man bittet doch einen Bahnmenschen, die Verspätung schnell zu bestätigen. Damit, so »Finanztip«, »können Sie das Fahrgastrechte-Formular auch direkt zu einem DB-Reisezentrum bringen. Dort erhalten Sie die Entschädigung sofort als Gutschein oder in bar.« Anschließend lässt man den Bahnsteig mit den wuschigen Mitreisenden hinter sich und schlendert pfeifend zum nächsten Mietwagenverleih (es gibt Gründe, warum die an so vielen Bahnhöfen sind). Okay, eventuell war dann schon jemand aus Ihrem

Exzug vor Ihnen da, und man hat für Sie nicht mal mehr einen ungewaschenen Kleinstwagen.

In dem Fall ärgern Sie sich vielleicht doch, dass Sie statt der Exitstrategie nicht Option Plan B gewählt haben: Ab einer Stunde Verspätung können Sie zu einem späteren Zeitpunkt fahren, und auch auf einer anderen Strecke. Unter uns: Wer kann, sollte die Variante Exit oder Plan B wählen. Und damit sie immer die Möglichkeit haben, auf einen späteren Zug umzusteigen, fahren geübte Bahnfahrer auch niemals mit dem allerletzten Zug.

Denn wenn dann etwas passiert, wird es hakelig. Erscheint der Zug zwischen Mitternacht und fünf Uhr morgens mit mehr als sechzig Minuten Verzögerung, darf man alternativ zwar auf Bahnkosten mit dem Taxi nach Hause fahren. Die Bahn erstattet aber höchstens Fahrtkosten in Höhe von achtzig Euro. Das gleiche Angebot gilt, wenn der letzte fahrplanmäßige Zug des Tages ausfällt und der Zielbahnhof nicht mehr bis Mitternacht erreicht werden kann.

Wer schon mal Taxi fuhr, weiß, wie weit man mit achtzig Euro kommt. Ein möglicher Ausweg ist es, sich den Preis mit einem Mitfahrer zu teilen, der das gleiche Ziel hat, und vom Taxifahrer für jeden eine Quittung zu verlangen, womit man schon 160 Euro verfahren kann; ein Bereich, in dem man auch schon versuchen kann, mit dem Fahrer, falls zwanzig, dreißig Euro fehlen, den Preis auszuhandeln. Alternativ versucht man, noch einen weiteren Mitfahrer zu finden (macht schon 240 Euro). Oder noch einen. Mir ist vor Jahren auf dem Hamburger Hauptbahnhof ein Mann begegnet, der dringend Geld brauchte und Stein und Bein schwor, auf genau diese Weise nach Hamburg gelangt zu sein, allerdings lebe er in Hamm.

Kurz, es hat sicher Vorteile, wenn man sich vorher erkundigt, ob die Bahn diese Taxifahrt organisiert.

Und dann gibt es noch die »Hotel-Regelung«. Ist der Zug ausgefallen oder zu spät und eine Übernachtung notwendig, weil die Fahrt nicht fortgesetzt werden oder nicht mehr zugemutet werden kann, erstattet die Bahn »angemessene Übernachtungskosten«. Ob die Pension gegenüber dem Bahnhof mit den dünnen Wänden und dem bei jeder Bewegung quietschenden Bettgestell angemessen ist oder eher das schicke Designhotel ein Stück weiter, liegt wiederum im Ermessen der Bahn. In all den Jahren Bahnfahrerei ist es mir mit Glück gelungen, es nie so weit kommen zu lassen.

# Wichtig – oder überflüssig? Echte und unechte Komfortmerkmale, und was das Bahnfahren erst zum Reisen macht

Trotz gegenteiliger Beteuerungen hält sich hartnäckig das Gerücht, für manche Entscheider im Konzern Deutsche Bahn seien Toiletten immer noch ein reines »Komfortmerkmal«, ebenso wie warme oder kalte Getränke im Bistro. Läuft die Kaffeemaschine – gut. Läuft sie nicht, und sämtliche kaffeesüchtigen Laptoptipper haben massive Anlaufschwierigkeiten, schaffen ihre Arbeit nicht, taumeln unterkoffeiniert in die Konferenz oder in die unwiderbringliche Verhandlung und bescheren ihrer Firma infolgedessen Millionenverluste und ihrer Familie die Arbeitslosigkeit – so what? Das gilt auch noch für ein paar andere Dinge, die für die Bahn offenbar entbehrlich scheinen. Die für die die Kunden aber Bahnfahren erst zum Reisen machen, ja, sie die Magie der Züge spüren lassen.

## Nice to have: Bahnbonus und Bahncomfort

Kommen wir in dem Zusammenhang nun endlich zum Kapitel, auf das Sparfüchse, Schnäppchenreisende und Aufsteiger sicherlich schon sehnsüchtig gewartet haben. Unter welchen Umständen sich die Bahncard allein beim Fahrkartenkauf rechnet, haben wir schon weiter vorn beleuchtet. Zugleich aber, vorausgesetzt, man vergisst nicht, sich anzumelden (wie übrigens erstaunlich viele Bahncard-Nutzer, die denken, das gehe automatisch, ha!), ist die Karte Eintritt zu gleich zwei Bonus-Programmen der Bahn: Bahnbonus und Bahncomfort. Zwar kann man auch ohne Bahncard mit der Bahnbonuscard Bonus-punkte sammeln, aber keine Bahncomfortpunkte – Sta-tusbewusste und Vielfliegerprogrammangefixte setzen also besser gleich auf die Bahncard. Zumal, betont die Bahn, sie mit der Karte, seit diese grün ist und nicht mehr rot, noch mehr für die Umwelt tut: »Die Energie«, ver-spricht der Konzern, »die Sie auf Ihren Fahrten im deut-schen Fernverkehr durchschnittlich verbrauchen, kaufen wir als Ökostrom ein und speisen sie ins Bahnstromnetz.« Somit und bei einigen Millionen Bahncard-Kunden, Nutzern von Zeitkarten- und Firmenkunden, für die das Ökostromversprechen auch gilt, dürfte die Deutsche Bahn einer der größten Abnehmer von Ökostrom in Deutsch-land sein.

Und man tut nicht nur Gutes. Bahncard-Besitzer haben auch jenseits des Ticketkaufs Vorteile: Es gibt Rabatte beim Bahn-Carsharing Flinkster, beim Radverleih Call a Bike, bei Autovermietern, in Parkhäusern, bei Nacht- und Autozügen (mehr zu diesen bedrohten Spezies spä-ter) und bei ein paar anderen Partnern. Oder auch im Bahnshop, wo es den »kleinen ICE« gibt, Loks zum Sammeln oder Geschenke für liebe Familienmitglieder und Kegelbrüder, etwa höchst geschmackvolle Eierbecher mit Bahnschranke, vermutlich zum Köpfen des Eis.

Und dann ist da noch das Programm zum Punkte-sammeln. Das Prinzip ist ganz ähnlich wie bei den Viel-fliegerprogrammen der Fluggesellschaften: Für jedes gekaufte Ticket ab fünf Euro gibt es Punkte, umso mehr, je teurer der Kartenpreis ist. Bahnbonuspunkte sammeln kann man auch bei Mietwagenfirmen und Hotels. Und noch mehr Punkte sammelt, wer die Bahncard mit inte-grierter Mastercard-Kreditkarte kauft. Die bietet die Bahn zusammen mit der Commerzbank an, in der Platinversion sogar mit Versicherungspaket. Für Inhaber der Bahncard 100 sind beide Varianten kostenlos, wer eine Bahncard für die erste Klasse besitzt, bekommt zumindest die Stan-dard-Kreditkarte gratis.

Oft reicht die allerdings auch; ob man die Versicherun-gen wirklich benötigt, sollte sich jeder genau ansehen. Setzt man die Kreditkarte ein, werden dem Bonuskonto für alles, was man kauft, Punkte gutgeschrieben. Nur lei-der stellt die Deutsche Bahn beim Ticketerwerb selbst für das Bezahlen mit ihrer eigenen Kreditkarte Gebühren in Rechnung – und die, so berechnete die »Welt«, »entspre-chen leider in etwa dem Gegenwert der gutgeschriebe-nen Punkte«. Einen klaren Vorteil hat die Bahncard mit Kreditkarte dennoch: Während die Bahnbonuspunkte bei den normalen Bahncards ohne Zahlungsfunktion nach 36 Monaten verfallen, bleiben sie bei der Master-card-Variante erhalten, bis man sie irgendwann einlöst – das gibt es bei keinem Vielfliegerprogramm. Dann kann man sich etwa ein Erste-Klasse-Upgrade aussuchen, eine Freifahrt, einen Mietwagen-Tag oder, sofern man fleißig Bahn gefahren ist und/oder geshoppt hat, auch einen

Trolley, einen Wasserfilter (man weiß ja nie) oder einen iPod. Man kann auch Gutes tun und die gesammelten Punkte für ein Bergwaldprojekt oder für »Jugend trainiert für Paralympics« spenden. Es gibt Geschäftsreisende, die sich sämtliche Weihnachtsgeschenke auf diese Weise »erfahren«; Ironie des Schicksals, wenn sie mit diesen Geschenken in einem Zug landen, der infolge von Blitzeis am 24.12. auf freier Strecke stehen bleibt, und die Geschenke dann an andere Mitreisende verteilen …

Während Bahnbonus per Definition der Bahn für alle Bahnkunden intendiert ist, ist Bahncomfort (korrekt heißt es Bahnbonuscomfort) laut Deutsche Bahn als Belohnung für »besonders treue Kunden ab einem Mindestumsatz von 2000 Euro pro Jahr gedacht«. Und auf diesen Mindestumsatz wird streng geachtet: Einmal erworben, verfallen Komfortpunkte schon nach zwölf Monaten. Es gibt keine Sonderaktionen wie bei Bahnbonus, man kann seinen Punktestand nicht durch Mietwagen und Hotelbesuche aufpeppen oder indem man schnell noch einen überteuerten Jahresvorrat an Socken kauft. Nein, Comfortpunkte kann man sich nur ersitzen in den Zügen der Deutschen Bahn, alle Zwischenfälle, Hitze, Kälte, Lauttelefonierer stoisch ertragend, immer nur ein Ziel vor Augen: den Status. Bahncard 100-Nutzer haben ihn von Anbeginn an, ebenso, wer Zeitkarten über einem Wert von 2000 Euro nutzt.

Was es bedeutet, wenn man dann irgendwann die Bahncard mit dem begehrten Aufdruck »bahn.bonus comfort« in der Hand hält, das tauchte in diesem Buch hier und da schon mal kurz auf. In Summe heißt das: eigens reservierte Plätze im Parkhaus. Eintritt in die DB-Lounge, zumindest in den Teil, wo auch Zweitklässler zugelassen sind, samt Begleitperson. Schnellere Behandlung im Reisezentrum überall dort, wo es den speziellen Schalter für Erste-Klasse/Comfort-Kunden gibt. Und dann sind da schließlich die per Aufkleber gekennzeichneten »bahn.bonus comfort-Plätze« in den Zügen. Diese Plätze, heißt es seitens der Bahn, »können von jedem Reisenden eingenommen werden, wenn kein ›bahn.comfort‹-Kunde Anspruch darauf erhebt.«

So weit die Theorie. In der Realität ist es fast so wie mit den »ggf. freigeben«-Plätzen. Ist der Zug voll, sind auch die Comfort-Plätze besetzt. Und der Comfort-Kunde, der ohne Reservierung in den Zug steigt, hoffend, dass ihm sein mühsam erworbener Status nun automatisch zu einem Platz verhelfen wird, muss sich plötzlich mit einer lästigen Frage herumschlagen: Wer ist berechtigt, auf diesen Plätzen zu sitzen, weil er seinerseits Comfort-Kunde ist, und wer nicht? Manche platzieren sich also vor den Comfort-Plätzen und fragen in die Runde: »Ich habe eine Comfort-Karte, wer hat hier keine?« Daraufhin bricht unter den Sitzenden entweder die überstürzte Schlafkrankheit aus oder die babylonische Sprachverwirrung, oder aber die deutsch-niederträchtige Begriffsstutzigkeit, gepaart mit wachsender Unverschämtheit. Vielleicht auch alles zusammen.

Andere ziehen von Platz zu Platz, versuchen es mit individueller Ansprache – »Haben Sie eine Bahncomfort-Karte?« – und ernten prompt ein bass erstauntes augenaufschlagbegleitetes »Natürlich!«. Wieder andere gehen noch mehr zum Angriff über, suchen sich jemanden, der aussieht, als würde er wenig Widerstand leisten, zücken ihre Karte wie ein Kriminalkommissar seine Marke und sagen: »Tut mir leid, ich darf hier sitzen!«

Es kann sein, dass sie nicht mal damit durchkommen. Denn so sehr Comfort-Kunden auch das Gefühl haben, angelogen zu werden: Man darf von der Siebzehnjährigen, dem Siebzigjährigen mit Piepsendem-Tastendruck-Handy oder dem US-Touristen, ganz egal, wer da vor einem sitzt, nicht verlangen, dass sie oder er sich als Comfort-Kunde ausweist. Dieses Recht hat nur der Schaffner. Den, so die Bahn, könne man selbstverständlich in solchen Fällen um Hilfe bitten: »Der Zugbegleiter hat dann die Möglichkeit, einen Sitzplatz für Sie zu suchen und gegebenenfalls Fahrgäste ohne bahn.bonus.comfort-Karte um Freigabe zu bitten.« In der Praxis dagegen ist der Schaffner ausgerechnet in solchen Situationen oft weit weg, und wenn nicht, hat er erst mal mit einer hysterischen Dame zu tun, die fast durchdreht, weil sie ihre Handtasche in einer Toilette hat hängen lassen, und nicht mehr weiß, in welcher.

Sie ahnen schon, auf was das hinausläuft: Um gar nicht erst in eine solche Situation zu kommen, ist es clever, nicht auf den Comfort-Status zu vertrauen, sondern einfach einen Platz zu reservieren.

Bleiben von den Vorteilen des Comfort-Status dann noch die eigens reservierten Parkplätze, die Expressbehandlung im Reisezentrum und die DB-Lounge. Dazu kommt bei den Hotel- und Mietwagenpartnern der Bahn wenn möglich noch ein Upgrade. Alles ganz nette Erleichterungen für Vielreisende. Ob es sich dafür aber lohnt, wie es manche Comfort-Kunden tatsächlich tun, wenn bis zum Status noch Punkte fehlen, sich extra ein Wochenende in den Zug zu setzen und schnell noch ein paar Tausend Kilometer herunterzuschrubben, das muss jeder selbst wissen.

## Wie die Bahn unklugerweise daran arbeitet, Bordrestaurant und Bistro überflüssig zu machen

Vielleicht erinnern Sie sich noch an meine Schilderung meiner ersten Zugfahrt zu Beginn dieses Buchs und daran, wie es mit dem Essen aussah: Es gab Erdbeerquark und hart gekochte Eier. Beides schmeckte mir ausgezeichnet, beides bringe ich bis heute mit Bahnfahren in Verbindung (wiewohl der Erdbeerquark seit Jahren aus dem Handel verschwunden ist). Nicht aber den Speisewagen. Obschon es in dem Zug, mit dem meine Eltern und ich damals fuhren, zweifellos einen gab, mit Gardinen und Lampen im Fenster und Tischdecken, die nicht nur weiß waren, sondern auch gestärkt. Aber meine Eltern wären niemals auf die Idee gekommen, ins Bordrestaurant zu gehen. Als normaler Mensch aß man dort nicht, und dafür gab es gleich mehrere gute Gründe. Entweder weil es dort mit der Hygiene haperte; gerüchteweise war der Witz mit dem Gast, der sein Besteck an der Tischdecke säubert, worauf der Kellner sagt: »Ich bitte Sie, das zu lassen. Erstens ist unser Besteck tadellos sauber. Und zweitens machen Sie dadurch unsere Tischdecke schmutzig!«, tatsächlich einmal in einem Speisewagen der Bundesbahn passiert. Oder man aß dort nicht, weil es zu teuer war. Oder weil man ewig saß und nicht bedient wurde, während Kellner und Koch in der Küche lehnten und rauchten. Oder weil es dort nichts Ordentliches zu essen gab, jedenfalls keine hart gekochten Eier und Erdbeerquark, dafür aber fette Würste, Pommes und ungesunden Süßkram – also genau das, was wir Kinder hätten haben wollen, wenn wir davon gewusst hätten.

Jedenfalls, der Speisewagen war aus welchem Grund auch immer No-go-Area.

Heute dagegen geht es im ICE nicht mehr ohne. Gleich drei, nein vier Gruppen von Bahnfahrern treffen sich regelmäßig hier: Solche, die nicht reserviert haben und nun um den Preis eines Kaffees oder eines in die Länge gezogenen Rotweins oder Biers auf einer der roten Lederbänke sitzen, nippend, lesend oder auf Tablet oder Smartphone herumtippend. Diejenigen, die, kaum hat sich der Zug in Bewegung gesetzt, furchtbaren Hunger verspüren und nichts dabeihaben beziehungsweise sich schon seit dem enttäuschenden Hotelfrühstück auf die Nürnberger Würstchen oder das Chili con Carne freuen wie ein Kind. Und jene, die nette Leute kennenlernen wollen. Dazu kommt noch ein gewisser Prozentsatz aus diversen Gründen Alkoholbedürftiger und die eine oder andere Gruppe – was manchmal, Sie haben recht, ein und dasselbe ist.

Auf der Karte finden sich Standards und wechselnde Aktionsgerichte. Es gab eine Phase, in der diese im Namen von Fernsehköchen präsentiert wurden, was Fahrgäste regelmäßig und in geselliger Runde rätseln ließ, wie es Sarah Wiener, Johann Lafer oder gar Horst Lichter geschafft haben sollten, auf jede der zwischen Hamburg und Garmisch on the rail dargebotenen Speisen Einfluss zu nehmen. Heute stehen auf der Karte Aktionsgerichte wie vegane Gazpacho mit ofenfrischer Focaccia, vegetarisches Sandwich mit Frühlingsquark, Matjes mit Kartoffeln, Schweinekotelett mit Kräutergnocchi oder Linseneintopf süß-sauer. Dazu Salate, Frühstück und dann eben die Standards wie Königsberger Klopse, Nudeln mit Tomatensauce, Hühnerfrikassee und Ofenkartoffel mit Sour Cream.

Seit den späten 80er-Jahren wird in den Bordrestaurants der Bahn nichts mehr frisch zubereitet, man wärmt nur noch auf, dennoch hat der, so Bahnjargon, »gastronomische Service« im ICE nach einer Zeit des gastronomischen Auf und Ab einen meist völlig akzeptablen Standard erreicht – oder, um es so zu sagen: In vielen Restaurants isst man schlechter. Andererseits gehört es zu den ewig ungeklärten Geheimnissen der Bahnlogistik, dass manches besonders begehrte Gericht offenbar in so kleiner Dosierung angeliefert wird, dass es schon kurz nach Fahrtantritt »aus« ist – was all jene, die genau darauf spekulieren, veranlasst, noch schneller dem Speisewagen zuzustreben, zusammen mit jenen, denen es nur um einen Platz geht. Die Verlierer des Wettrennens quetschen sich dann in den Bistrobereich vor der Abholtheke, wo sich gerne auch kleinere Bier trinkende Reisegruppen konzentrieren.

Viele Bahnfahrer verblüfft es, dass hier, rechts der Aufwärmküche, die Speisekarte eine andere ist als im Restaurant links der Aufwärmküche: Einerseits bekommt man hier das »klassische« Frühstück mit Marmelade und Brötchen, das man im Restaurant ungläubig vermisst, und ebenso eine Currywurst, vermutlich Zugeständnis an alle Bahnfahrer mit Air-Berlin-Flugerfahrung. Andererseits ist das Angebot an warmen Speisen im Vergleich zum Restaurant deutlich eingeschränkt.

Zu erklären, warum das so ist, fällt auch dem Servicepersonal der Bahn schwer, denn vorausgesetzt, sie wurden geliefert, sind die Speisen in der schmalen Aufwärmküche ja durchaus vorhanden – und ist es nicht egal, ob man sie nach links oder nach rechts trägt? Der wahre Grund liegt vermutlich im Versuch der »Kundenlenkung«: im Restaurant die Genießer mit mehr Muße, im Bistro die hastigen Frühstücker und diejenigen, die eine Unterlage fürs Bier benötigen.

Diese gewünschte Ordnung wird allerdings schnell ad absurdum geführt, wenn überall mal wieder viel zu wenig Platz ist. Ich durfte verfolgen, wie eine Frau, die nach Berlin fuhr, aber leider im Speisewagen keinen Sitz mehr ergattert hatte, an der Bistrotheke stand und den Aufwärmkoch förmlich bekniete, ein Hühnerfrikassee bekommen zu dürfen, auch wenn sie momentan auf der falschen Seite der Küche stehe. Sie bot sogar an, einen Aufpreis – Sie nannte es offen »Bestechungsgeld« – zu bezahlen, aber der Mitarbeiter murmelte verlegen etwas von »Vorschriften« und zog sich ins Innere des Küchenbereichs zurück. Am Ende ging die Frau in den Speisewagen, klagte den dort Sitzenden ihr Leid, und tatsächlich stand ein freundlicher älterer Herr auf und ließ sie sich setzen. Der Kellner kam sofort, sie bestellte ihr Hühnerfrikassee und bekam es anstandslos serviert. (Sie haben recht: Die bessere Pointe hätte nun darin bestanden, dass das Frikassee »aus« gewesen wäre.)

Auch beim Service am Platz in der ersten Klasse ist die Auswahl an Speisen, die einem der freundliche Servicemitarbeiter beziehungsweise »Steward« bringt, eingeschränkt, nur eben wieder anders als im Bistro: Das Frikassee beispielsweise ist am Platz zu haben, die Currywurst dagegen nicht. Glaubt die Bahn tatsächlich, Currywurstesser fahren nicht erste Klasse? Wer jedenfalls vermutet, die andere Speisenauswahl hänge womöglich damit zusammen, dass man aus Rücksicht auf die ringsum Sitzenden deftige Gerüche vermeiden wolle, der irrt: Man bekommt am Sitzplatz auch Chili con Carne serviert. Und falls Sie dachten, das »freundlich« in Bezug auf den Mitarbeiter sei ironisch gewesen: Nein, im Gegensatz zu noch vor einigen Jahren hat sich in der Beziehung wirklich einiges getan. Man erhält seine Bestellungen mittlerweile tatsächlich in zeitlichem Zusammenhang mit dem Zeitpunkt des Orderns – früher konnte es glatt passieren, dass Kaffee und Rührei erst fünf Minuten, bevor man aussteigen musste, kamen und der Bahnmitarbeiter Unmut darüber keineswegs nachvollziehen konnte, denn er hatte doch geliefert. Vorbei ist auch die latente Unwilligkeit, die man einst spürte, wenn man es wagte, den schnellen Schritt des Mannes von der Bahn, der sich zu Höherem als profanem Service berufen fühlte, durch den Wunsch nach einem zweiten Kaffee aus dem Takt zu bringen. Im Gegenteil: Der Servicemitarbeiter oder (häufiger) die Servicemitarbeiterin kommt heute von alleine, fragt, ob es noch etwas sein dürfe, und macht den kleinen Serviceaufschlag bei den Getränkepreisen oft auch noch durch ein Lächeln wett.

Und egal, ob am Platz, im Restaurant oder im Bistro: Für die eingeschränkte Karte entschädigt die im Vergleich zum Rest recht große Auswahl an Süßem, inklusive Pfannkuchen, Waffeln und Kuchen; besonders erwähnenswert ist der leicht angewärmte (!) Schokoladenkuchen. Nicht zu vergessen: Der früher nur angeblich trockene Wein ist es heute meist wirklich.

Aber, wie eingangs angesprochen: Essen und Trinken ist nicht alles. Diejenigen, die eher mit dem mehr oder weniger impliziten Vorsatz ins Bordrestaurant oder -bistro kommen, Menschen kennenzulernen, haben meist leichtes Spiel. Hier sitzt der Vertreter, der endlich mal über die Mühen des Kaffeeautomatenverkaufs in Berlin reden muss. Die Oma, die stolz ist, dass ihre Enkelin endlich den Segelschein hat. Die Theaterregisseurin, die bis morgen wissen muss, wie sie die dritte Szene von »Faust« an Michel Houellebecqs Werk annähert, und dafür noch nach Inspirationen sucht. Und der Bahnbuchschreiber, der nur mal sehen möchte, wer heutzutage alles so im Bordrestaurant mitfährt.

Ob aus all den Menschen, die in einem Zugrestaurant der Deutschen Bahn zwischen Hannover und Hamburg durch den späten Abend fahren, aber eine nette Gemeinschaft wird, das liegt am wichtigsten Mann (oder selbstverständlich an der wichtigsten Frau): dem Kellner. Er ist die Seele des Bordrestaurants. Ist er gut drauf – oder auch nur ein Könner seines Fachs –, gibt er jedem Gast nicht nur das Gefühl, tatsächlich ein Gast zu sein, egal, ob die Tischdecke vom Voresser noch befleckt ist oder nicht. Er kann mit breitem Lächeln, lustigen Sprüchen, Selbstironie und vielleicht sogar hier und da einem kurzen Witz erreichen, dass Menschen, die vorher nichts mehr wollten, als sich einzuigeln und aus dem Fenster zu starren, nun einander lächelnd zuprosten, miteinander ins Gespräch kommen, sich gegenseitig die Fotos auf ihren Smartphones zeigen und am Ende aus einer ganz normalen Bahnfahrt zwischen Hannover und Hamburg ein richtig geselliger Abend geworden ist. Das Bordrestaurant der Bahn als Ort, wo unterschiedlichste Menschen fast wie durch Zauberei zusammenfinden – eigentlich müsste die Bahn solchen begnadeten Mitarbeitern einen gehörigen Zuschlag bezahlen.

Und wahrscheinlich könnte sie diese neu auflebende Speisewagenkultur sowie das Angebot an Gerichten unter Berücksichtigung gendertypischer Vorlieben noch etwas gezielter ausbauen und dann in jedem ICE höchst erfolgreich zwei, drei Speisewagen samt Bordbistro mitführen. Oder hinter dem Speisewagen noch einen Lounge-Wagen mit gemütlichen Lederfauteuils (und einem, meinetwegen aus unerklärlichen Gründen wieder anderen Speisenangebot).

Stattdessen müssen sich diejenigen, die gern den gastronomischen Service in Anspruch nehmen würden, mit Pannen und Ausfällen herumschlagen. Auf der Internetseitseite für Bahnvielfahrer »ICE-Treff« haben Bahnfahrer folgende Begründungen zusammengetragen, wegen derer sie Bordrestaurant und -bistro nur eingeschränkt nutzbar vorfanden:

- Kühlung ausgefallen,
- nicht beliefert,
- Personal krank,
- ausverkauft,
- heute nur Heißgetränke,
- heute kein Kaffee,
- heute ohne Wagen 11 (also dem Speisewagen),
- nicht mehr auf dieser Linie.

Mehr zu letzterem Phänomen gleich. Ich persönlich erlebte auch schon einen völlig ohne Begründung komplett verwaisten Speisewagen sowie ein leeres Bistro mit rußgeschwärzten Wänden. Und generell sind sich die meisten Bahnreisenden einig, dass es wohl kaum einen sichereren Weg gibt, sich selbst das Geschäft zu verderben. Mag sein, dass seitens der Bahn immer noch die Ansicht vorherrscht, die Gastronomie gehöre irgendwie nicht zum Kerngeschäft (mehr dazu auch im Kapitel über die Toiletten). Genau damit allerdings verbaut sie sich eine Riesenchance, Kunden klarzumachen, dass mit der Bahn zu reisen nicht nur müheloser ist, sondern auch wesentlich komfortabler als beispielsweise mit dem Auto, denn wer hat in seinem Auto schon ein Bordrestaurant oder auch nur ein -bistro? So aber scheint sich die Bahn beim gastronomischen Angebot fatalerweise auf eine Kundengruppe zu fokussieren: den Flaneur/die Flaneurin, der/ die, oft aus Langeweile, mal ins Bordbistro oder gar ins -restaurant geschlendert kommt, um zu sehen, was die Karte so zu bieten hat. Findet er/sie etwas, wird es bestellt. Findet er/sie nichts – oder nicht einmal das Bordrestaurant –, dann geht er/sie eben zurück an den Platz, blättert in ein paar Zeitschriften oder ruft ein paar Leute an. Flaneure haben niemals wirklich Hunger, brauchen niemals wirklich etwas zu essen – im Gegensatz zur deutlich größeren Kundengruppe der vielen regelmäßigen und beruflichen Bahnfahrer. Doch wer von denen schon ein-, zweimal in die Situation kam, im Zug drei, vier Stunden hungern oder dursten zu müssen, weil er sich auf die Bahngastronomie verlassen hatte und enttäuscht wurde, der hat fortan lieber selbst etwas zu essen und zu trinken dabei. Und es gibt für ihn keinen Grund mehr, ins Bordrestaurant oder -bistro zu gehen, mag das Angebot dort an diesem Tag dann noch so umfassend sein. Er ist als Speisewagen-Kunde verloren.

Manche vermuten sogar, dass hinter der Vernachlässigung des Speisewagens eine gewisse Absicht stecken könnte; immerhin wollte die Bahn schon vor Jahren den »Kostenfaktor« Speisewagen abschaffen und stattdessen den Platz in dem Wagen auch mit zusätzlichen Sitzreihen füllen, für die Bahn-BWLer ein verlockender Gedanke. Er scheiterte am Aufschrei der bahnreisenden Bevölkerung.

Aber viele ICs verkehren schon längst ohne Speisewagen. Und in den neuen, platzmäßig durchoptimierten Intercity-Doppelstockzügen, die nun nach und nach die alten IC-Wagen ersetzen, also zum Standard werden sollen, ist das Bordrestaurant tatsächlich nicht mehr eingeplant: Stattdessen sollen mobile Serviceteams im ganzen

Zug Snacks und Getränke am Platz servieren – Snacks und Getränke, die man sich vermutlich auch ebenso gut von zu Hause mitnehmen kann. So ist die Bahn dabei, einen ihrer großen Vorzüge aufzugeben, den Luxus nämlich, aufstehen und in ein Restaurant gehen zu können, während man im Zug mit mehr als 200 Stundenkilometern dahingleitet. Und wenn die BWLer, die den neuen Doppelstockzug mal kurz optimiert haben, in ein, zwei Jahren (also aus ihrer Sicht: einer Ewigkeit) längst woanders sind, zum Beispiel bei der Autoindustrie, und dann mit der Bahn nach Hause pendeln und auf einmal Lust hätten, aufzustehen, irgendwohin zu gehen, vielleicht nette Leute zu treffen und etwas Warmes zu essen – oder wenigstens einen warmen Schokoladenkuchen –, dann erst werden sie sich darüber ärgern, dass das nicht mehr geht, weil etwas fehlt. Der Speisewagen.

## Ende der Reisekultur: Die Deutsche Bahn macht Schluss mit Nacht- und Autozügen

Neulich traf ich in München eine alte Schulfreundin wieder, die ich mindestens zehn Jahre nicht mehr gesehen hatte. Und das Erste, was sie zu mir sagte, entsetzt und mit weit aufgerissenen Augen, war: »Hast du es gehört? Es gibt keinen Nachtzug mehr nach Paris! Das kann doch nicht sein! Man muss etwas tun!« Ich war davon überzeugt, dass sie sich geirrt haben müsse, zückte mein Smartphone, googelte – und las: Es stimmte. Der Nachtzug München – Paris war Geschichte. Und die nächste Viertelstunde standen wir da und tauschten Erinnerungen aus an unsere Reise nach Paris mit Anfang zwanzig, nachts, zu viert, in einem Sechser-Liegewagen der Deutschen Bahn. Die beiden mittleren Liegen waren zum Glück nicht besetzt, meine Liege war für meine Schultern zu schmal, und irgendwie schaffte ich es, ständig mit dem Kopf an die Wagenwand zu stoßen, weshalb ich den ersten Teil der Fahrt gekrümmt zu schlafen versuchte. Trotz der kichernden Schüler auf Klassenfahrt ein paar Abteile weiter. Bis dann einer der anderen feierlich eine Flasche Rotwein öffnete; der passende Auftakt für fünf Tage fast ohne Budget im streikgeschüttelten, von einem Wolkenbruch nach dem anderen heimgesuchten Paris, fünf Tage, die wir kräftemäßig kaum durchgehalten hätten, wenn Ralf nicht vier große Salamis dabeigehabt hätte. Den Zug für die Rückfahrt, mutmaßlich derselbe wie der für die Hinfahrt, erreichten wir nur noch im Sprint und dank eines Schlafwagenschaffners mit großem Schnauzer, der uns galant mit einer Hand die Tür aufhielt und uns mit der anderen nachdrücklich ins Wageninnere schob. Auf der Rückfahrt schlief ich wie ein Baby, und als ich am Morgen kurz vor München erwachte, hatte ich das Gefühl, als lägen Paris und München ganz dicht nebeneinander.

Das ist das Nachtzug-Feeling, das man bei der Deutschen Bahn fünfzig Jahre lange erleben konnte. Viele Menschen, die heute ungefähr so alt sind wie ich, haben früher nicht nur Deutschland, sondern ganz Europa im Liegewagen durchquert, im Ohr das »Tatam-tatam-tatam«-Geräusch, das die Räder auf den noch unverschweißten Schienen machten. In Begleitung mitunter sehr netter, mitunter sehr lauter, mitunter müffelnder Mitreisender, inklusive Schlangestehen vor den Waschräumen. Aber, und hey, das war unglaublich: Am nächsten Morgen war man schon in Paris, Berlin, in den Bergen. Und statt dort am Abend in einem teuren Hotel einzuchecken, konnte man in den nächsten Nachtzug steigen, nach Spanien, nach Portugal, in die Tschechei. Auch für Geschäftsreisende hatte es etwas, die City Nightline, so nannte die Deutsche Bahn ihre Züge zuletzt, zu nehmen.

Billiger als das Flugzeug war der Nachtzug seit den Zeiten der Billigflieger eindeutig nicht mehr, vor allem nicht, wenn man es komfortabler wollte. Und das empfahl sich. Denn auch die Plätze in der günstigsten Kategorie, den nach Bananenart geformten Ruhesesseln, kosteten sowieso mehr als eine Fahrt mit dem Fernbus. Und wer in den Sesseln reiste, musste auf sein Gepäck selbst aufpassen und sich die kostbare Tasche gegebenenfalls mit seinem Gürtel an den Knöchel binden. Am besten war es, auch nicht den Liege-, sondern den Schlafwagen zu buchen, vorzugsweise die Variante de luxe mit eigenem, wenn auch etwas engem Bad. Dann konnte man noch mit der Familie zu Abend essen, sagte Gute Nacht, fuhr dann zum Bahnhof und richtete sich in seinem rollenden Hotelzimmer ein, wo schon ein frisch bezogenes Bett wartete, zwei kleine Flaschen Wasser, Seife, Handtuch, Kleiderbügel. Ein meist netter Schlafwagenschaffner erklärte Licht, Klimaanlage, Türschließsystem und die Notrufanlage, notierte Frühstückwünsche, hielt Snacks und Bier bereit, gerade Letzteres ein ausgezeichneter Schlummertrunk, und wünschte Gute Nacht.

Davon, dass der Zug auf seinem nächtlichen Weg immer wieder warten musste, weil jeder Regional-, ja offenbar jeder Güterzug Vorrang hatte, merkte man nichts, denn man schlief, vorausgesetzt, man war der Typ Reisender, der das im Zug konnte. Und morgens nach dem Aufwachen sah man durchs Fenster auf die sich nähernde Stadt, sog den Duft des Kaffees ein, den der Schlafwagenschaffner gebracht hatte, biss in das mit Marmelade beschmierte Brioche aus dem Bahn-Frühstückspaket und rätselte, ob das ebenfalls mitgelieferte Apfelmus ursprünglich als innovativer Brotaufstrich gedacht war oder als Beilage zu einem warmen Pfannkuchen, den man unter der Ägide des alten Bahnchefs Hartmut Mehdorn kurzerhand eingespart hatte. Kurz darauf stand man auf dem Bahnhof, vielleicht etwas müde, aber mit dem guten Gefühl, nicht nur Zeit gespart zu haben, sondern auch noch eine ganze Hotelübernachtung.

Und vielleicht erinnern Sie sich noch an den Anfang dieses Buches: Mag sein, dass das Reisen mit dem Zug länger dauert. Aber das ist Zeit, die man nutzen kann, in dem Fall zum Schlafen, vielleicht auch zum Lesen, Arbeiten, Nachdenken.

Apropos Zeit: Wenn am Nachtzug noch ein paar Wagen für Autos dranhingen, man also mit dem Autozug fuhr, ließen sich in den Ferien sogar wertvolle Urlaubstage sparen: Nachmittags bugsierte man das vollgepackte Urlaubsauto in Neu-Isenburg, München, Lörrach, Hildesheim, Hamburg, Düsseldorf oder Berlin auf die obere oder untere Plattform eines Autowaggons – oft mit Schweiß auf der Stirn, denn es war verflixt eng – und hatte ab dann quasi schon Urlaub. Und wenn man sich in Avignon, Bozen, Verona oder Triest wieder ans Steuer setzte, war es gar nicht mehr weit.

Gut, günstig war das auch nicht – aber aus Sicht der Bahn brachte all das trotzdem nicht annähernd genügend Geld. Die Nachtverbindungen Berlin – Paris und München – Paris wurden schon im Dezember 2014 eingestellt, gegen den Protest von Nachtzugfans, die in Berlin und Paris Kissendemos veranstalteten. Der letzte Nachtzug München – Paris trug einen Trauerkranz, auch den Leuten der Bahn standen die Tränen in den Augen, Zugbegleiter schüttelten fassungslos den Kopf, wenn sie hörten, dass die Nachfrage so schlecht gewesen sein sollte.

Und dann verkündete der Konzern Ende 2015 ausgerechnet in seinem Konzept mit dem Namen »Zukunft Bahn« das endgültige Aus für alle Nachtzüge Ende 2016; der letzte Autozug von Lörrach nach Hamburg-Altona sollte schon Ende Oktober rollen. Künftig sollen nachts mehr ICEs fahren und international mehr Nachtbusse; all das ist allerdings kein Ersatz für ein Hotel auf Rädern. Das Nachtzuggeschäft bringe kein Geld, argumentierte die Bahn, die Autoreisezüge seien eigentlich immer defizitär gewesen, und auch die Nachtzüge hätten seit Jahren Millionenverluste gebracht. Und vor allem: Die meisten auf den Nachtlinien verkehrenden Züge seien mehr als vierzig Jahre alt und benötigten erhebliche Investitionen – Investitionen, die die Bahn nicht tätigen wollte angesichts der Konkurrenz durch Billigflieger, Billighotels und Fernbusse, aber auch Investitionen, die die Bahn zu tätigen in den Jahrzehnten davor ständig versäumt hatte.

Aber hätte es wirklich keine andere Lösung gegeben? Thomas Sauter-Servaes, an der Zürcher Hochschule für Angewandte Wissenschaften für den Studiengang »Verkehrssysteme« zuständig, war Mitautor einer Machbarkeitsstudie für die Deutsche Bahn und die International Union of Railways, in der es um Hochgeschwindigkeitszüge ging, die sich leicht von Tag- in Nachtzüge verwandeln und lukrativ betreiben ließen. Diese Züge könnten 300 Stundenkilometer fahren, komfortabel und in einer Nacht weit auseinanderliegende europäische Hauptstädte miteinander verbinden; eine starke Konkurrenz zum Flugverkehr und wesentlich ökologischer als dieser. Vielleicht gerade deshalb wurde das Projekt nicht weiterverfolgt. Die Politik bevorzuge das Fliegen, sagte Sauter-Servaes der »Frankfurter Allgemeinen Zeitung«. Nacht-züge würden so lange unrentabel bleiben, wie der Aus-stoß von $CO_2$-Emissionen nichts koste, wie der Flugver-kehr Steuervorteile bekomme und die Gebühren für die nächtliche Nutzung der Zugtrassen so hoch seien. »Nachtzüge könnten irgendwann eine Renaissance er-fahren«, sagte Sauter-Servaes im Gespräch mit der »FAZ«, »aber nur dann, wenn die Politik aktiv wird und die Wettbewerbsnachteile der Bahn beseitigt.«

Die Politik allerdings wird nicht aktiv.

Und selbst jene Bahnreisenden, die die Begeisterung über eine Reise nach Paris per Bahn im Flugzeugzeitalter für hoffnungslos verklärte »Bahnnostalgie« halten und die schimpfen, was denn eigentlich so schön daran sein ge-wesen sein soll, an einem regnerischen Morgen saumüde, mit schmerzendem Rücken und viel zu knapp geweckt mit einem schlechten Kaffee im Magen an einem lauten, schmutzigen Bahnhof auszusteigen – sie werden zugeben müssen: Mit dem Aus für die Nachtzüge ist die Deutsche Bahn drauf und dran, den Schlussstrich unter eine Reise-kultur zu ziehen, ohne die Eisenbahnfahren früher für viele Menschen undenkbar war.

In den Vereinigten Staaten fuhren schon seit etwa 1830 einfache Zugschlafwagen. Ab 1858 begann der Amerika-ner George Mortimer Pullman, Erfinder, Visionär und Industrieller, eine komfortablere Alternative zu entwi-ckeln, mit nach oben klappbaren Schlafkojen und Sitzen, die sich ebenfalls zu einer Schlafkoje klappen ließen. Es gab Vorhänge und an beiden Enden des Wagens sogar Waschräume – für Frauen und für Männer. Das war be-reits eine solche Verbesserung der Zustände, dass Pullman Aufsehen erregte und wenige Jahre später echte Luxusschlafwagen baute, mit Teppichen, Fenstervorhängen, gepolsterten Sitzen, Tischen und sogar Bibliotheken. Außerdem konnte man sich schon über Service am Platz und über Zugdiener (»Porter«) freuen, die diesen Service erledigten. Und natürlich kosteten diese Wagen das Mehrfache der damals von Eisenbahngesellschaften verwendeten Schlafwagen; Pullman, ein gewiefter Geschäftsmann, schaffte es aber, dass der Leichnam Abraham Lincolns in einem Pullman-Schlafwagen von Washington, D.C., nach Springfield überführt wurde. Diese letzte Reise des US-Präsidenten verhalf den Schlafwagen zu großer Popularität. In den Jahrzehnten danach fuhren Pullman-Wagen, mittlerweile gab es auch Speisewagen, nicht nur überall dort, wo Exklusivität gefragt war, »Pullman-Wagen« wurde überhaupt zum Sammelbegriff für besonders komfortables Reisen in der Eisenbahn.

Ende der 60er-Jahre lernte dann der Belgier Georges Nagelmackers auf einer Reise durch Nordamerika Pullmans Schlaf- und Speisewagen kennen und brannte darauf, ähnliche Wagen auch in Europa einzuführen. 1872 gründete er die Compagnie Internationale des Wagons-Lits (CIWL). Die kaufte Eisenbahnwaggons, baute sie um in luxuriöse Salonwagen mit allem Komfort zum Schlafen und Essen und ließ sie auf den Zügen anderer Gesellschaften mitlaufen. Die wiederum reichten der CIWL, so war das Geschäftsmodell, den Zuschlag, den Kunden für die Schlafwagen bezahlten, weiter und ließen sie die Restaurants betreiben. 1883 fuhr dann vom Pariser Gare de l'Est der erste Luxuszug, der nur aus Schlaf- und Speisewagen der CIWL bestand, über München, Wien, Budapest und Bukarest nach Konstantinopel. Dieser Zug war es, der später als »Orient-Express« berühmt wurde. Nagelmackers sorgte bei der ersten Fahrt außerdem dadurch für große PR (auch im Eisenbahnwesen unerlässlich), dass er den Mitreisenden ans Herz legte, auf der Jungfernfahrt sicherheitshalber Waffen mitzunehmen – wie damals bei den Pullman-Zügen in Amerika müsse man auch in Osteuropa damit rechnen, dass Wilde und Banditen versuchen würden, den Zug zu überfallen. Überfälle sind nicht überliefert, nicht mal aus PR-Gründen gefakte; dennoch wurde der erste Schlafwagen-Luxuszug Europas ein voller Erfolg. Nach und nach ließ Nagelmackers bald weitere Luxuszüge fahren, etwa 1883 den Calais-Mediterranée Express und 1887 den Sud-Express sowie den zwischen Calais und der Schweiz verkehrenden Engadin-Express. Ab 1886 organisierte die CIWL in ihren Zügen die Staatsreisen der meisten europäischen Staatsoberhäupter, überhaupt reiste alles, was Rang und Namen hatte, damals selbstverständlich in den Luxuszügen der Compagnie. Allein im Orient-Express fuhren Leopold II. von Belgien, der zugleich Mäzen und Aktionär der CIWL war, der Herzog von Windsor, Paul I. von Griechenland, Prinzregent Paul von Jugoslawien, Aga Khan III., der deutsche Bankier Carl Fürstenberg, die Tänzerin Mata Hari und auch der spätere US-Präsident Herbert Hoover, der vor dem Ersten Weltkrieg in Europa als Bergbauingenieur arbeitete. Regenten ließen sich eigene prächtige Salonwagen bauen, die man an den Orient-Express anhängen konnte, und als im Mai 1910 Adlige und Herrscher aus ganz Europa zum Begräbnis des englischen Königs Edward VII. wollten, hätten die Loks die Menge der angekoppelten Fürstenwagen fast nicht mehr geschafft; Rumäniens Kronprinz Ferdinand beispielsweise musste eindringlich gebeten werden, ja nur drei Salonwagen mitzunehmen. Und König Carol II. von Hohenzollern-Sigmaringen, Herrscher von Rumänien, ließ bei seiner Flucht ins Exil 1940 kurzerhand ein paar Wagen mit Kunstgütern und Wertsachen ankoppeln. Dass in diesem Zug Luxus, prominente Namen, die große weite Welt und offenbar bedeutsame Geschehnisse aufeinander trafen, inspirierte Autoren wie Valery Larbaud, Paul Morand und natürlich Agatha Christie. Ihr Kriminalroman »Mord im Orient-Express« mit Meisterdetektiv Hercule Poirot erschien 1934. Noch 1948, in dem Artikel »Tanz im Orient-Express«, schilderte der »Spiegel« die in diesem Zug Reisenden wie folgt: »In Nerz gekleidete Geheimagentinnen, Herren mit Monokel und Bärtchen, undefinierbare Häuptlinge irgendwelcher Volksstämme, bildschöne Frauen, von denen niemand weiß, wovon sie leben, königliche Hoheiten auf der Flucht und indische Maharadschas.«

Da hatte der Anfang vom Ende der Luxuszüge schon begonnen. Nach dem Zweiten Weltkrieg bekamen sie zusätzliche Sitzwagen, das Label »Luxus« wurde ihnen aberkannt, und sie fuhren, degradiert zu Schnellzügen, noch ein paar Jahrzehnte auf immer kürzeren Strecken.

Aber seit den Siebzigerjahren betreiben private Unternehmer wieder ein paar Nostalgiezüge mit restaurierten Originalwagen der CIWL. Etwa den Venice-Simplon-Orient-Express, der unterschiedliche Strecken fährt und einmal im Jahr die alte Route von Paris über Budapest nach Istanbul.

Und vielleicht gibt es auch bei den Nacht- und Autoreisezügen der Deutschen Bahn ein kleines Happy End. Eine Alternative für alle, die umweltschonend reisen wollen, also nur die Bahn nehmen können und nicht das Flugzeug, und die trotzdem nicht morgens aus dem »Nacht-ICE« steigen wollen, ächzend und stöhnend und darauf hoffend, dass es am Zielort ein Schwimmbad gibt, in dem man erst mal duschen kann, oder man am Bahnhof einen mitfühlenden Menschen kennenlernt, der einen in sein Badezimmer lässt. Und die ihr Auto mitnehmen, aber nicht die Strecke Hamburg-Rom durchbrettern wollen. Denn es gibt ja nicht nur die Deutsche Bahn.

Bei den Autoreisezügen betreibt zum Beispiel die Bahngesellschaft Euro-Express Sonderzüge schon länger Autoreisezüge zwischen Düsseldorf und Verona. Man will die Zahl der Abfahrten im kommenden Jahr steigern. Zwischen Hamburg und Lörrach will künftig die Firma BahnTouristikExpress aus Nürnberg Urlauber und ihre Autos und Motorräder transportieren. Und es besteht auch Anlass zur Hoffnung, dass die autolosen Nachtzüge nicht ganz verschwinden. Bahnchef Rüdiger Grube ließ verlauten, man wolle das »Aus« doch noch einmal auf den Prüfstand stellen. Es sollen Gespräche mit den Österreichischen Bundesbahnen laufen. Die bieten schon jetzt klassische Nachtzüge von Wien nach Düsseldorf und Hamburg an und möchten ihre Verbindungen in Deutschland ausbauen – seltsam, dass die Deutsche Bahn nicht darauf gekommen ist –, denn in Deutschland gibt es einfach gute Voraussetzungen, und viele Ziele, auch im benachbarten Ausland, sind problemlos über Nacht zu erreichen. Also sozusagen und wortwörtlich: im Schlaf. Im rollenden Hotelzimmer also; ist das nicht eine tolle Geschäftsidee?

## Muss die Toilette funktionieren? Es kommt drauf an …

Der Ort im Zug, den man in meiner Kindheit gemeinhin nur aufsuchte, wenn es nicht mehr anders ging – es
sei denn, man war ein Schwarzfahrer auf der Suche nach
dem idealen Versteck, das niemand betreten würde –,
war die Toilette. Dabei war es gut, Papiertaschentücher
mit sich zu führen, notfalls auch dünne Servietten oder
gar Zeitungspapier; alles war besser als das raue Toiletten-
papier, das man dort antraf. Eine Sorte Papier, die bei un-
vorsichtigem Gebrauch glatt in der Lage war, Abriebver-
letzungen hervorzurufen. Außerdem roch es übel hier.
Die trüben Lachen auf dem Boden hatten der oder die
Vornutzer hinterlassen, oftmals nicht aus Absicht, sondern aus Not, weil der Zug, während der Fahrgast gerade
in flagranti war, unversehens bremste, in eine Kurve ging
oder zu schnell abbog. Warum ich übrigens hier nur die
männliche Form verwende? Weil ich stark bezweifle, dass
Frauen so töricht waren, diese Location zu benutzen,
ausgenommen Frauen mit Kindern wie meine Mutter,
die hier ihre Vorliebe für Desinfektionsmittel entdeckte.
Aber zurück zum menschenfeindlichen Bahntoiletten-
papier; es handelte sich sicher um die gleiche Ausführung,
die damals die Bundeswehr für den Fall des Falles zur
Versorgung von gefangenen Feinden bezog: Es war nicht
nur auf dem Lokus anzutreffen, sondern auch in Form
Tausender mit Fäkalien getränkter Fetzen entlang der
Bahngleise im ganzen Land. Der Grund dafür war ganz
einfach: Seit die Bahnbetreiber in Preußen mehr als hundert Jahre zuvor begonnen hatten, die Züge mit Aborten
für notdürftige Reisende auszurüsten, bei denen das Ergebnis einfach durch ein sogenanntes »Fallrohr« in Richtung Schienen entsorgt wurde, hatte sich daran kaum

etwas geändert. Gut, der Wassereimer war irgendwann durch eine Hebelspülung ersetzt worden, das Fallrohr hatte zwecks Minimierung der Ablagerungen auf den Waggon-Unterseiten eine kegelförmige »Saughaube« bekommen, und Mitte der Siebzigerjahre taufte man den »Abort« euphemistisch um in »WC«. Was alles nichts am Prinzip änderte. Bis Ende der Achtzigerjahre verfügte nur ein kleiner Teil der deutschen Eisenbahnwagen über ein geschlossenes Toilettensystem mit Entsorgungstank. Bei allen andern öffnete sich, wenn man nach der Verrichtung den Hebel betätigte, wie anno dunnemals in der Schüssel die Klappe zum Gleisbett. Was hindurchfiel, wurde vom Fahrtwind verwirbelt; öffnete sich die bewusste Klappe auf Eisenbahnbrücken, regneten die Fäkalien manchmal einige Hundert Meter weit.

Diese Art der Abfuhr war auch der Grund, weshalb die Benutzung der »Fallrohr«-Toiletten in Bahnhöfen verboten war; denn dann hätte die Bundesbahn den Dreck ja wegmachen müssen. Und wer sich schon immer gefragt hat, ob all diese Schrebergärten wirklich nur deshalb an Bahndämmen liegen, weil ihre Besitzer die einzigen Menschen sind, die sich bei Zuglärm prima erholen können: Es soll tatsächlich Gartenbesitzer gegeben haben, die ihre Beete besonders dicht an den Gleisen anlegten, weil sie auf kostenlose Düngung ihrer Erdbeeren hofften.

Stattdessen plumpste ihnen manchmal auch anderes in den Garten. Nicht nur Bierdosen und Schnapsflaschen fanden ihren Weg durch die Fallrohre, auch Schlüpfer, Strumpfhosen, Pullover, Hemden, gar ganze Anzüge. Und natürlich Uhren, Geldbeutel, Schlüssel, Waffen – alles, was einem so aus der Hosentasche rutschen kann.

Zwar gibt es in der Deutschen Bahn laut Auskunft einer Sprecherin derzeit immer noch etwa 180 Regionalzüge mit derartigen »Plumpsklos«. Standard ist heute allerdings das geschlossene Toilettensystem. Zeit dafür wurde es spätestens 1991, als der erste ICE im deutschen Schienenverkehr Einzug hielt. Er fuhr bis zu 280 Stundenkilometer und war luftdicht; Umstände, unter denen die Benutzung jedes Plumpsklos mit offenem Rohr vor allem im Tunnel fatalerweise damit enden könnte, dass sich die Fallrichtung des Entsorgten umkehrt. Gespült und entsorgt wird daher vor allem mit Unterdruck, und was weg muss, sammelt sich in einem Tank, der alle zwei bis drei Tage entleert werden muss.

Damit (und auch mit häufigeren Reinigungszyklen) geht, ähnlich der Karriere des Speisewagens, auch bei den Zugtoiletten ein fundamentaler Bedeutungswandel einher: von der Kammer des Schreckens zum Sehnsuchtsort. Was sogar zumindest in ICEs ein bisschen mit der gewachsenen Bedeutung des Bordrestaurants zu tun hat. Aber auch damit, dass wir alle heute unbefangener, also entspannter in einen Zug steigen, weniger vorbereitet als früher, wo es einfach dazugehörte, bevor man das Haus verließ, noch einmal sicherheitshalber das Bad aufzusuchen.

Das kann man ja jetzt schnell im Zug. Denkt man. Und davon abgesehen: Heute fahren mehr Ältere Bahn als früher.

Etwa die Dame, die im Oktober 2014 am Koblenzer Bahnhof gut gelaunt in die Regionalbahn nach Trier stieg. Allerdings, die gute Laune hielt nicht lange. Denn sie musste dringend aufs WC. Heutzutage, könnte man denken, längst kein Drama mehr. Allerdings: In dem Nahverkehrszug befand sich nur eine einzige Toilette. Und diese war kaputt und durfte deshalb nicht benutzt werden. Fast zwei Stunden lang musste die Bedauernswerte aushalten. Und nach der Ankunft am Trierer Hauptbahnhof schaffte sie es gerade noch aus dem Zug, aber nicht mehr zum nächstgelegenen stillen Örtchen. Ersparen wir uns die nähere Beschreibung der schmachvollen und demütigenden Szene auf dem Bahnsteig.

Die Fahrt sei qualvoll gewesen, die Frau habe Schmerzen gelitten, legte ihr Anwalt dar, als sie vor Gericht zog und die Bahn verklagte. Das Amtsgericht Trier befand: Dass der Nahverkehrszug ohne eine einzige funktionierende Toilette unterwegs gewesen war, sei eine Pflichtverletzung der Bahn. Außerdem habe niemand die Kundin vor dem Betreten des Zuges auf den Toilettendefekt hingewiesen. Man sprach der Frau für das, was sie durchgemacht hatte, 200 Euro zu. 200 Euro – Sie haben recht: Bekommt jemand in den USA Schmerzensgeld, hängen da noch ein paar Nullen dran. Oder sind selbst deutsche Richter der Ansicht, das Erleiden von Qualen in der Bahn sei allmählich Alltag?

Es wird noch besser. Die Deutsche Bahn ging in die nächste Instanz. Und – das Landgericht Trier entschied: Das Unternehmen muss der Frau nicht mal die 200 Euro zahlen. Kein Schmerzensgeld also. Denn von wegen »Pflichtverletzung«, befanden die Richter: Ein »eigenverantwortliches Handeln« der Frau hätte Schmerzen und böses Ende verhindern können. Zwischen Koblenz Hauptbahnhof und Trier Hauptbahnhof befinden sich 29 Haltestellen. Und »unter bestimmten Umständen«, so dieses Gericht, könne es Reisenden zugemutet werden, den Zug für den Toilettengang zu verlassen und mit der nachfolgenden Bahn die Reise fortzusetzen. Die Frau aber habe sich »trotz bemerkten Harndrangs, der Dauer der bevorstehenden Fahrt und der nicht ganz unwahrscheinlichen Möglichkeit einer defekten öffentlichen

Toilette« bei Abfahrt nicht nach einem funktionsfähigen WC erkundigt – sage ich es nicht? Auch diese Richter sind der Ansicht, man müsse der Bahn so einiges glatt zutrauen, nämlich dass die einzige in einem Zug vorhandene Toilette kaputt sein könnte. Am besten also, Sie merken sich das gleich: Haben Sie den Verdacht, Sie könnten irgendwann im Laufe einer Bahnfahrt mal müssen, fragen Sie beim Einsteigen sofort die Funktionsfähigkeit der Toiletten ab. Und am besten überprüfen Sie sie noch mal persönlich, bevor sich die Türen des Zuges schließen!

Vor allem aber, so die Richter weiter, habe sich die Frau eben dafür entschieden, die Fahrt fortzusetzen, als der Drang immer stärker wurde. Frei übersetzt: Die Richter waren der Ansicht, die Frau sei sehenden Auges in ihr Unglück gelaufen und deshalb im Grunde selbst schuld.

Ob sie vielleicht nur furchtbare Angst hatte, beim Verlassen des Zuges bei einem Zwischenhalt könne ihr Ticket verfallen; ob sie der festen Ansicht war, an den Zwischenstationen (sie sprach von »Geisterbahnhöfen«, was die Richter wiederum anders sahen) gebe es auch keine funktionsfähige Toilette, anders als am Zielort Trier, auf den sich der Zug immerhin zubewegte – man weiß es nicht. Ebenso wenig, ob die Geplagte nun vorhat, vor den UN-Menschenrechtsauschuss zu ziehen.

Was aber die Richter ausdrücklich offen ließen, ist der Knackpunkt des Falles: Ist die Bahn verpflichtet, ihren Kunden in Regionalbahnen permanent eine funktionierende Toilette zur Verfügung zu stellen?

Im Fernverkehr wurde zumindest in extremen Fällen, ohne eine einzige funktionierende Toilette im Zug, Fahrgästen von Gerichten schon Schmerzensgeld zugesprochen. Etwa einem Reisenden, der im ICE Frankfurt – Dresden unterwegs war, eine Toilette suchte und erschrocken ebenfalls feststellte, dass im gesamten Zug keine verfügbar war: Sämtliche WCs hatten kein Wasser mehr und waren daher abgesperrt. Nein, in einem gab es noch Wasser, aber es war trotzdem abgesperrt. Denn es befand sich im Speisewagen und war mutmaßlich für das Personal gedacht. Das aber war nicht aufzufinden. Zwei Stunden lang quälte sich der Mann mit einer vollen Blase. Später verklagte er die Deutsche Bahn und bekam Recht. Für diesen Organisationsmangel, fand das Amtsgericht Frankfurt, müsse die Bahn haften. Der Mann erhielt rund 400 Euro.

Aber wie gesagt: Das war im Fernverkehr. Vermutlich kam es der Bahn bei der Frau aus Trier nun darauf an, nicht auch noch im Nahverkehr einen Präzedenzfall zu schaffen.

Das glaubte damals auch der Fahrgastverband Pro Bahn. Es gebe zwar tatsächlich keinen Rechtsanspruch auf eine funktionierende Toilette in Nahverkehrszügen, aber so etwas wie ein Gewohnheitsrecht, sagte Verbandssprecher Karl-Peter Naumann: »Wir sind es gewohnt, dass wir da auf die Toilette gehen können.«

Bei ähnlichen Toilettendilemmata fand das Bahnpersonal immer wieder auch kreative Lösungen: Auf einer Regionalstrecke zwischen Rhein und Ruhr stellte der Zugbegleiter einem Fahrgast, der dringend musste, kurzerhand einen Abfallbehälter zur Verfügung. Ein Neigetechnik-Zug, der auf der Strecke Trier – Köln fuhr und bei dem vieles nicht klappte, unter anderem auch das mit den Toiletten, stoppte eine Zeit lang fast regelmäßig zur »WC-Pause« in Gerolstein. Und als vor ein paar Jahren im Regionalzug Köln – Hamm alle vier Toiletten ausfielen, verkündete der Zugführer per Lautsprecher: »Wer eine leere Flasche bei sich hat, kann durchgehen in den letzten Waggon!« Dort hatte er eins der Toilettenabteile aufgeschlossen, in dem es kein Wasser mehr gab, das man aber natürlich immer noch als Sichtschutz nutzen konnte, während man versuchte, in die Flasche zu treffen.

Interessiert Nachfragenden erzählte der hilfsbereite Mann von der Bahn, eine Lehrerin, die mit hundert, offenbar männlichen, Schülern im Zug unterwegs war, habe ihn um die Durchsage gebeten. Die Bahn selbst meinte später, sich für diese Worte entschuldigen zu müssen. Dabei wäre es durchaus wünschenswert, wenn alle Zugbegleiter bei Toilettenproblemen derart auf ihre Fahrgäste eingingen. Gäbe es noch dazu in jedem Zug einen Notbestand an Reisepissoirs oder faltbaren Campingtoiletten, die bedürftige Kunden dann, notfalls mit Atemmaske, nutzen könnten, müsste sich kein Schaffner mehr bei WC-Turbulenzen unauffindbar geben.

Aber die Bahn tut sich gerade bei den Toiletten manchmal besonders schwer, Sympathiepunkte zu sammeln, auch wenn sie es mal gut meint. Als jüngst angekündigt wurde, dass alle Toilettenräume nicht nur Spender mit Desinfektionsmittel erhalten sollten (»na endlich!«, rief meine Mutter, als ich ihr das erzählte), sondern auch eine Dekorfolie mit Blumen im Fensterbereich, witzelte Pia Rolfs in der »Frankfurter Neuen Presse«, ob man die Toilette damit gar zum Urlaubsziel machen wolle oder ob der arme Fahrgast an den Blütenblättern abzählen solle: »Ich bekomme den Anschluss – ich bekomme ihn nicht ...«. Dabei ist die Bahn, was Toilettendekors angeht, noch recht zurückhaltend. Die österreichische ÖBB geht in die Vollen und setzte bei der Modernisierung ihrer Zugtoiletten auf Panoramafototapeten. 247 Nahverkehrszugs-WCs wurden gerade renoviert, mit unterschiedlichen Motiven; vorher hatte das Unternehmen die Kunden auf Facebook über die Motive abstimmen lassen: 93 stille Orte bekamen dann die »idyllische Berglandschaft«, 61 den »fruchtigen Zitronenbaum«, 54 den »weiten Ozean« (manche nennen es auch Badesee) und 39 das »Raumschiff im All«. Und in jeder Toilette soll ein – auf das Bild abgestimmtes! – Duftaroma unangenehme Gerüche neutralisieren. Fahrgästen sei Sauberkeit und die »generelle Anmutung« der Toiletten eben sehr wichtig, sagte Klaus Garstenauer, Leiter des Bereichs Nah- und Regionalverkehr. Er hat recht. Und die Dekorfolien-Strategen der Deutschen Bahn fragen sich seither neidisch nur eins: Woher wissen diese österreichischen Tausendsassas, wie der Weltraum riecht?

## Gepäck: Eine ganz besondere Herausforderung für die Bahn – oder für die Fahrgäste?

Moment, fragen Sie nun vielleich, gehört zum Verreisen mit der Bahn nicht ganz selbstverständlich, Koffer und Taschen dabeizuhaben? Ehrlich gesagt: So denken viele. Aber die Bahn scheint anders zu kalkulieren. Und deshalb ist in so manchem Zug kein Durchkommen und kann eine einzige mit vier Koffern, vier Rücksäcken und zwei großen Sandschaufeln zusteigende Familie das sozial-logistische Gefüge eines ganzen Großraumwagens durcheinanderbringen. Aber der Reihe nach: In jedem Zug darf man Gepäck mitnehmen, das ist keine Frage und sogar bahnamtlich.

Aber schon die Menge des Gepäcks, und hier kommt für so manchen Nichtprofibahnfahrer gleich mal die erste Überraschung, ist limitiert. Auf dem Bahnhof Hannover bekam ich das einmal live mit, als eine ältere Dame mit Unterstützung eines jungen Mannes, wohl ihr Sohn, in einem abfahrbereiten, aber voll besetzten ICE zwei enorm große und einen kleineren Koffer unterbringen wollte. Aber obwohl erst die sich im Zwischenwagenbereich drängenden Mitfahrer – Bahnfahrer sind trotz oder gerade wegen aller auftretende Fährnisse immer noch enorm hilfsbereit – und dann die auf den ersten Metern im Großraumwagen Stehenden alles taten, um Platz zu machen: Es ging nicht. Alle gepäckgeeigneten Plätze waren doppelt und dreifach belegt. Also stellte der junge Mann die zwei großen und den kleinen Koffer ächzend und schnaufend im Mittelgang ab. Zwar so wenig raumgreifend wie möglich, dennoch hätte dies bedeutet, dass der Zug ab dieser Stelle beidseitig unpassierbar gewesen wäre, für begabte Hürdenspringer einmal ausgenommen. Ähnliches sagte auch der Zugbegleiter, der sich eilig näherte. Der mutmaßliche Sohn bat ihn daraufhin, einen anderen Platz für das Gepäck der älteren Dame zu finden.

»Sie steigen wieder aus?«, fragte der Zugbegleiter nach.

»Ja«, sagte der junge Mann leicht verdutzt.

Gerne mache er sich auf die Suche nach einem Plätzchen fürs Gepäck, erwiderte der Zugbegleiter, allerdings könne er nur einen der Koffer unterbringen – und natürlich die Handtasche der älteren Dame, die diese mit beiden Händen umklammerte.

»Nur einen!?«, empörte sich die Dame schrill.

Nur einen, wiederholte der Schaffner; laut den Beförderungsvorschriften der Bahn stehe jedem Fahrgast ein Stück Handgepäck zu, also in dem Fall eine Handtasche, und ein Stück »Traglast«, zum Beispiel ein Koffer. Alles andere könne man zwar tolerieren, wenn Platz sei. In dem Fall aber sei keiner.

An diesem Punkt des Gesprächs beschloss die ältere Frau erbost, mit ihrem kompletten Gepäck den ICE wieder zu verlassen, fortan nie wieder Bahn zu fahren und die Entlassung des unmöglichen Menschen in Uniform zu veranlassen.

Aber was soll ich sagen? Der Zugbegleiter hatte recht. Sogar mit dem Begriff »Traglast«, eine bahninterne Definition, die wohl verdeutlichen soll, dass es sich um Gepäck handelt, das man gemeinhin selbst tragen kann. Sofern also jemand von Ihnen, liebe Leser, beabsichtigt, einen Kühlschrank im Zug mit sich zu führen oder gar eine mobile Toilette, sollte es sich um ein sehr kleines und leichtes Modell handeln. Nicht mitnehmen darf man Gegenstände, die andere Reisende behindern, belästigen, verletzen oder Schäden verursachen können, trotzdem aber Musikinstrumente, etwa Geigen oder Gitarren. Definitiv ausgeschlossen sind Schusswaffen, explosive Gegenstände, giftige, radioaktive, ätzende und ansteckungsgefährliche Stoffe sowie Mopeds oder Mofas; offenbar gibt es immer wieder Leute, die versuchen, Letztere ins Fahrradabteil zu schmuggeln. Pedelecs dagegen werden wie Fahrräder behandelt. Was immer geht, sind Kinderwagen, Rollstühle oder Sportausrüstungen.

Einschlägigen Internetforen zufolge gibt es auch eine erstaunlich große Gemeinde von Menschen, die mit kompletten Faltbooten per Bahn verreisen, wenn auch unter Beachtung einiger konspirativer Regeln – »schon auf dem Bahnsteig ist es wichtig, sich unauffällig zu verhalten, wenn man in einer Gruppe mit mehreren Faltbooten reist ...« Auch demontierte und komplett verpackte sowie zusammengeklappte Fahrräder (diese auch unverpackt) kann man im Zug mitnehmen – sofern, heißt es bei der Bahn, »diese unter bzw. über dem Sitz sicher verstaut werden können«. Der Realitätscheck zeigt häufig, dass dies nicht so leicht ist, ohne die darunter Sitzenden Gefahren auszusetzen. Woraus folgt, dass sich Klappräder als Gepäck im Zweifel und streng genommen doch nicht mitnehmen lassen (zum Joker Faltrad siehe vorn).

Sonst aber halten die Ablageschalen über dem Kopf auch größere Koffer oder Reisetaschen aus, sofern man es schafft, diese dort hinaufzuwuchten, was je nachdem, wie anstrengend der bisherige Reiseverlauf war, durchaus zur Herausforderung werden kann. Ist die Gepäckablage voll (und das ist sie relativ schnell), gibt es noch die Kofferabstellplätze – bei vielen ICE-Zügen in der Wagenmitte, im IC an beiden Wagenenden –, wo allerdings alle in Sichtweite Sitzenden als Erstes versuchen, ihre größeren Koffer abzuladen. Und dann wird es auch schon eng fürs Gepäck.

Hat man das Glück, einen Sitzplatz erwischt (oder: reserviert!) zu haben, der im Großraumwagen dort liegt, wo sich vorwärts und rückwärts zeigende Sitze begegnen, kann man in den Raum zwischen den sich umkehrenden Sitzen noch ein, zwei Koffer quetschen, falls das nicht längst jemand anderer getan hat. Im ICE ist zwischen den ersten Sitzreihen und der Wand oft auch noch etwas Platz. Aber das war es.

Bahn-Vielreisende schwören, dass in alten ICs dagegen normalerweise immer mehr Platz für Gepäck ist als im ICE, weil die Gepäckfächer an den Türen größer sind als die in der Wagenmitte im ICE. Wer einmal im neuen IC-Doppelstockzug gefahren ist, den könnte das Gefühl beschleichen, für die Deutsche Bahn sei der ideale Fahrgast einer ohne Gepäck, vergleichbar dem Flugreisenden, der nur mit einer Handgepäcktasche eincheckt. Denn fährt man ein und dieselbe Strecke Hamburg – Bremen im alten IC – einem aufgepeppten, mindestens dreißig Jahre alten, aber mit ICE-Sitzen umgerüsteten ehemaligen Interregio –, schafft man es mühelos, den Koffer in der Gepäckablage über sich unterzubringen. Im neuen Doppelstöcker dagegen passt in die Ablage über dem Sitz gerade mal eine Jacke oder Aktentasche. Nur, wer hat heutzutage noch eine Aktentasche bei sich? Ansonsten sind da noch zwei bis drei Gepäckboxen, aber was, wenn die voll sind?

Und was passiert im entsetzlichen Extremfall? Wenn zumindest jeder zweite, dritte Fahrgast einen Reisekoffer oder eine -tasche dabei hat? Oder die bereits erwähnte vierköpfige Familie auftaucht, die sich mit ihrem Gepäck zwar noch im bahnamtlichen Bereich bewegt, was aber nichts daran ändert, dass für vier Zweiwochenkoffer im ganzen Großraumwagen kein freier Gepäckplatz mehr ist. Und eine Familie samt Urlaubsgepäck mag vielleicht irgendwie noch gehen – aber zehn? Zwanzig? Dreißig?

Wir können davon ausgehen, dass die Bahn fest damit rechnet, der Reisende der Zukunft komme ohne großes Gepäck aus, entweder weil er nur morgens hin und abends wieder zurück reist beziehungsweise am Zielort über Wegwerfkleidung respektive eine (mobile?) Waschmaschine verfügt, oder weil es in wenigen Jahren physikalische Möglichkeiten geben wird, sein Reisegepäck auf Feuerzeuggröße zu schrumpfen. Oder es dem künftigen Reisenden nichts ausmacht, mangels Wechselwäsche furchtbar zu stinken. Wodurch sich der Teufelskreis der bahnbedingten Zumutungen schließt und die Fahrt per Auto umso attraktiver erscheint.

Fast wie Satire mutet in dem Zusammenhang die Bitte der Bahn an, Gepäck nicht in den Gängen, im neuen IC mithin der einzig verbleibende Raum, abzustellen, »dies behindert nicht nur andere Fahrgäste, die Gänge sind auch der Arbeitsplatz des Zugpersonals sowie Fluchtwege«, und auch keine Sitzplätze mit Rucksäcken, Tasche oder Koffer zu blockieren – wo soll denn das Zeug hin? In Nahverkehrszügen gibt es wenigstens Mehrzweckabteile (von außen am Fahrradsymbol erkennbar), in denen sich auch das Gepäck für einen vierwöchigen Ostseeurlaub unterbringen lässt, während man selbst daneben auf dem Notsitz kauert – was tut man nicht alles, um umweltfreundlich zu reisen! Aber in den Fernzügen der Bahn haben sich ganz offensichtlich wieder die BWL-Leute durchgesetzt, die der Überzeugung sind, dass Gepäck weder ein Ticket löst noch für eine Platzreservierung zahlt; in Anbetracht der beschränkten Fähigkeiten eines durchschnittlichen Gepäckstücks kann man ehrlicherweise auch nichts anderes behaupten. Wer seinen Koffer dann also nicht doch in den Gang stellen und sich mit jedem vorbeikommenden Rollkofferzieher anlegen will, dem bleibt wieder einmal nur der (sicher aus Kostengründen) extra kurz gehaltene Zwischenwagenbereich, denn allein möchte man seinen Koffer dort auch nicht lassen.

Dennoch ist der Zwischenwagenbereich ein undankbarer Ort. Dort wird man von den anderen, gepäckarm und professionell zu einem Tagestermin Reisenden, nennen wir sie »Profibahnfahrer«, gern als »Laienbahnfahrer« verachtet, der nicht nur die Stirn hat, seinen halben Hausstand mitzubringen, sondern sich außerdem einbildet, Goldbarren im Koffer zu haben. Oder Diamanten. Welchen anderen Grund könnte es sonst geben, seinen

Koffer nicht aus den Augen zu lassen, ja ihn vielleicht sogar, wie in früheren Bahnfahrerzeiten ein Bauer sein Huhn, mit einer Hand festzuhalten, damit ja nichts wegkommt?

Nach dieser Diagnose erhebt sich der Profibahnfahrer mit einem letzten verächtlichen Blick auf die Laienbahnfahrer und sucht die Toilette auf. Oder den Speisewagen. Oder die nette Mitreisende im nächsten Großraumwagen. Und wenn er zurückkommt, hockt der Laienbahnfahrer immer noch da wie ein Affe auf dem Schleifstein. Aber die Aktentasche des Profibahnfahrers ist weg.

Die Polizei berichtet, dass sich Diebe unterschiedlichster Organisationsformen in Zügen herumtreiben, von klischeehaften Einzelgängern bis hin zu ganzen Banden. Die steigen zu, sobald der Zug an einem Bahnhof hält, nehmen binnen dreier Minuten alles mit, was nicht niet- und nagelfest ist, und steigen dann wieder aus. Insofern hilft es nicht nur, Geld und Dokumente im Zug immer am Körper zu tragen (wenn Sie meinen, dafür unbedingt eine khakifarbene Multitaschenweste anziehen zu müssen: okay …), sondern sein Gepäck tatsächlich mit einem Fahrradschloss oder etwas anderem an der Gepäckablage festzuketten. Hilfreich ist auch der gute alte Tipp, einen Sitznachbarn anzusprechen, wenn man ins Bordrestaurant oder auf die Toilette muss – aber was, wenn ausgerechnet er ein klischeehafter Einzelgänger ist …? Am besten also, man bittet nicht nur einen Mitreisenden, auf sein Gepäck zu achten, sondern drei.

Und rempelt man Sie an, oder schüttet man Ihnen mit unnachahmlichem, wie einstudiert wirkendem Ungeschick ein Getränk übers Hemd: Vorsicht! Es kann sein, dass das in der Tat einstudiert ist und der nette Herr, der Sie abputzt, nicht nur Gutes will. Und ebenso Achtung, wenn Sie ein paar sympathische Zivilpolizisten im Zug ansprechen und erzählen, Gefahr sei im Verzug und sie müssten dringend Ihren Geldbeutel durchsuchen, um herauszufinden, ob etwas fehle: Zivilpolizisten durchsuchen niemals nur den Geldbeutel! Es ist also durchaus möglich, dass die Herren keinen Dienstausweis haben.

Erinnert sich noch jemand an die Gepäckwagen in den alten D-Zügen, in denen echte Menschen – über jeden Verdacht erhabene Beamten! – einem den Koffer abnahmen und ihn dann kurz vor dem Zielbahnhof wieder aushändigten? Wer den ganzen anderen Zirkus nicht haben will, dem bleibt noch der Kuriergepäck-Service. Diese entgeltliche Dienstleistung der Bahn befreit einen übrigens auch davon, übergroße Koffer schnaufend den Bahnsteig entlang zu Abschnitt A schleppen zu müssen, dann zu realisieren, dass die Wagen aus A ausweislich des Zugzielanzeigers heute in E stehen werden, dorthin zu hasten, beim Einstieg zu merken, dass sowohl das Platzreservierungssystem und der gebuchte Wagen ausgefallen sind und daraufhin den Koffer durch den überfüllten Zug keuchend und röchelnd bis zum Abschnitt C zu schleifen. Ja, sie erspart es einem auch, sich auf dem Weg zum Bahnsteig mit ausgefallenen oder nicht vorhandenen Fahrstühlen, Rolltreppen und Gepäckbändern herumzuschlagen. Und dann vermeidet man den ganzen Ärger mit dem beschränkten Platz fürs Gepäck im Zug. Ist es also vielleicht genau das, was die Bahn will, dass wir mit unserem Gepäck tun – das dann ja immerhin zu zahlendem Transportgut wird?

Jedenfalls kann man im Bahnauftrag vom Paketdienst Hermes seine Urlaubskoffer daheim abholen und an eine Wunschadresse schicken lassen. Das dauert, den Abholtag nicht mitgerechnet, in Deutschland zwei Tage; ist die

Wunschadresse auf einer Insel, werden es drei. Und gegen Aufpreis lässt sich sogar das »unverbindliche Zeitfenster von vier Stunden für die Zustellung des Gepäcks« auf drei verbindliche Stunden verkürzen.

Noch vor Jahren gab es Klagen über Gepäckkuriere, die nie kamen oder erst gegen Urlaubsende, worüber einen auch die Entschädigungen von einer Handvoll Euro pro Tag nicht wirklich hinwegtrösten konnten, zumal die Bahn nicht für die Folgen von überstürzten Schlüpfer- und Schlafanzugkäufen oder von fünf Tagen ohne Zähneputzen haftete. Doch wie zu hören ist, funktioniert es mit dem Götterboten heute tatsächlich ganz gut. Einziger großer Kritikpunkt ist die Frage, ob, wenn man selbst schon extra den umweltfreundlichen Zug nimmt, es nicht pervers ist, dass der Koffer dann doch per Lieferwagen anreist.

### Eine Alternative? In den Fernbus und weg

Irgendwann will man dann aber doch wissen, ob es nicht noch besser geht. Denn bei aller Liebe, Treue: Bei der Bahn reicht es fast jedem mal. Nach der soundsovielten Störung im Betriebsablauf, dem wieder einmal enttäuschenden Besuch im Bordrestaurant, nachdem man sich wieder und wieder über die alten Wagen und unzähligen Stopps auf freier Strecke geärgert hat, durch die der Zug im Nu eine knappe Stunde Verspätung hat, zum x-ten Mal über versagende Klimaanlagen und Heizungen geschimpft hat, möchte man es endlich einmal anders haben. Leicht, komfortabel, mühelos. Und viel billiger.

Sprich: mit dem Fernbus. Seit 2013 das Verbot fiel, zwischen zwei Städten Busse verkehren zu lassen, wenn auf der Strecke eine Bahn fuhr, haben die Überland-(besser: Überautobahn-)busse eine beispiellose Erfolgsgeschichte hingelegt: 21,8 Millionen Passagiere fuhren laut dem Vergleichsportal www.fernbusse.de im Jahr 2015 mit dem Bus. Hunderte Linien gibt es inzwischen, aber derzeit, als dieses Buch entsteht, nur noch drei Betreiber: Flixbus, dessen grüne Busse überall zu sehen sind, hat einen Marktanteil von 71 Prozent. Nach eigenen Angaben bietet das Unternehmen mittlerweile Fahrten zu 900 Zielen in zwanzig Ländern an. Den restlichen Markt teilten sich bis Herbst 2016 vor allem die Deutsche Post mit dem Postbus – und die Deutsche Bahn, die sich mit IC-Bus und Berlin Linienbus quasi selbst Konkurrenz zum Schienenverkehr macht, oder nein: ihre Schienenwege ergänzt, wie es heißt. Zuletzt gab die Deutsche Post allerdings bekannt, dass sie ihr Fernbusgeschäft an die Nummer eins der Branche Flixbus verkauft. Mit Preisen für unter zehn Euro werden viele Strecken beworben; Anbieter Megabus, der auf manchen Stecken nur drei Euro aufrief, wurde von Flixbus übernommen. Experten rechnen damit, dass nach der stürmischen Anfangsphase, wenn die Marktanteile gesichert sind, alle Anbieter die Preise erhöhen werden, um Geld zu verdienen.

Als dieses Buch entstand, konnte man per Fernbus von heute auf morgen ohne Sparpreis und Bahncard für rund zwanzig Euro von Hamburg nach Berlin oder für rund vierzig von Hamburg nach München fahren – und fand bei der Bahn einen Tag vor Abfahrt immerhin noch Sparpreisangebote für 33 Euro nach Berlin und für 95 Euro nach München. Auch das, glauben Verkehrsfachleute, ist auf die Fernbusse zurückzuführen. Die Preise der Bahn, sagte auch Andreas Oswald, Pressesprecher von www.fernbusse.de in der »FAZ«, »wurden und werden durch die Busse heruntergetrieben«.

Kunden gingen aber nicht in großem Maße verloren, im Gegenteil, so Oswald: »Das Angebot in Deutschland wurde durch die Fernbusse erweitert. Der Großteil der Kunden fährt sowohl mit dem Bus als auch mit der Bahn.« Und eine Bahnsprecherin sagt sogar, es seien durch die Fernbusse auch viele neue Kunden unterwegs, die früher gar nicht gereist seien.

Wer sich einen solchen Bus und die neuen Kunden mal näher anschauen will, ist überrascht, wie umstandslos das geht. Bei Fernbussen herrscht auch das Billigflieger-prinzip – die Nachfrage bestimmt die Preise –, aber sie lassen sich noch eine halbe Stunde vor der Abfahrt online oder per App buchen. Und umgekehrt: Wer eine Vier-telstunde vor der Abfahrt erfährt, dass er doch nicht fah-ren kann, oder wer sich unversehens von der Reisekrank-heit übermannt fühlt, der würde bei der Bahn nur beim Flexticket keine Probleme kriegen (beim Fliegen säße er schon fast im Flugzeug). Bei Flixbus kann man am Tele-fon alles absagen und bekommt Geld für eine neue Fahrt gutgeschrieben.

Oder man bucht nicht um, und dann geht es los.

Der Busbahnhof liegt entweder in der Nähe des Hauptbahnhofs, wie in Hamburg, oder etwas weiter weg Richtung Fernsehturm, wie in Berlin, manchmal auch nahe einer Autobahnauffahrt. Ein Mitarbeiter sagt nett und freundlich »Hallo« und verstaut das Gepäck hinter der Ladeklappe – bei dem einen Anbieter sind zwei Kof-fer erlaubt, beim anderen einer. Dann geht es an Bord. Die meisten Busse riechen noch so neu, als kämen sie gerade aus der Fabrik (sie kommen gerade aus der Fabrik), die Sitze sind erst mal ziemlich bequem, und für die Reservierung hat niemand Geld verlangt. Und es gibt Leselampen, Steckdosen, WLAN und ein Mediacenter mit Unterhaltungsangeboten, vulgo: eine App zum Runterladen, mit der man auf seinem iPad oder Laptop Filme gucken kann. Gut, mit der Beinfreiheit ist es ähnlich wie im Flieger, sie ist auf 75 bis achtzig Zentimeter beschränkt. Es gibt auch kein Bordbistro, aber Wasser, Cola aus dem Kühlschrank und warme Getränke aus dem Automaten, dazu ein paar Snacks, Sandwiches, Studentenfutter, Kekse – all das für erstaunlich wenig Geld.

Denn auch die Kunden sind preisbewusst. Die Fernbusanbieter sprechen davon, dass alle Bevölkerungsgruppen in Bussen fahren, aber auffällig stark repräsentiert sind die Jüngeren. Darunter sind tatsächlich einige Neukunden im öffentlichen Fernverkehr: Studenten und Schulabsolventen, denen die Bahn früher selbst per Schnäppchenpreis viel zu teuer war, die über Mitfahrzentralen und -portale buchten und es nun im Bus wahnsinnig bequem finden, sich nicht die ganze Strecke von München nach Berlin mit einem Fahrer unterhalten zu müssen, nur damit der nicht einschläft oder wie eine Sau fährt oder beides.

Auch ein paar Ältere sind dabei; denen es nichts ausmacht, ob der Bus denn wirklich in der geplanten Zeit in München oder Berlin ist, denen es aber etwas ausmachen würde, mit ihren zwei Koffern an zwei Bahnhöfen umzusteigen und dabei Gefahr zu laufen, den Anschlusszug zu verpassen.

Der Busfahrer stellt sich vor, es geht los. Und während der Bus sich auf die Autobahn einfädelt, hat man zurückgelehnt Gelegenheit, über die Farbe der Gefährte – grün – und deren Umweltfreundlichkeit nachzudenken. Sauberer als das Auto sind Busse allemal, ihr niedriger

Dieselverbrauch pro Fahrgast wird von keinem konventionellen Pkw getoppt. Laut Umweltbundesamt stoßen Fern- beziehungsweise Reisebusse nach einer Untersuchung aus dem Jahr 2010 aber auch am wenigsten die Erderwärmung förderndes Kohlendioxid pro Fahrgast und hundert Kilometer aus; sogar weniger als die Bahn!

Dieser Busvorteil kam bei den Berechnungen von vor ein paar Jahren allerdings vor allem dadurch zustande, dass man bei den Reisebussen von einer besseren Fahrgastauslastung ausging als bei der Bahn. Ein Unterschied, der inzwischen wegen der steigenden Fahrgastzahlen bei der Bahn geschrumpft ist. Außerdem fährt die Bahn zunehmend mit Ökostrom, beim Diesel ist das naturgemäß anders. Dazu kommt: Die bessere Umweltbilanz bei den Bussen bezog sich nicht auf Stickoxide und Feinstaub. Vielleicht wird es allmählich Zeit für eine neue Untersuchung des Umweltbundesamtes.

Apropos Zeit: Während man im Zug irgendwann aufstehen, sich die Beine vertreten und ins Bordrestaurant oder auf die nächste Toilette gehen kann, oder, wenn man das will, auch auf die übernächste, ist das im Bus schwierig. Ein Bordbistro gibt es nicht, die Toilette ist meist derart notdürftig, dass man lieber bis zur nächsten Pause an der Raststätte wartet. Und nur um der Bewegung willen einfach im Bus von vorne nach hinten und wieder zurück zu tigern, das käme bei den anderen Mitfahrern inklusive dem Personal irgendwie schräg an.

Apropos Mitfahrer: Wer öfter mit Fernbussen fährt, merkt bald: Die sind meist ziemlich voll. Was wiederum heißt, dass sich ziemlich sicher ein Wildfremder neben einem niederlässt und unter Umständen ein paar Stunden später bei einem an der Schulter selig einschlummert. Das kann natürlich sehr nett sein, wenn man Single und/

oder dem gegenüber aufgeschlossen ist. Es kann aber auch sein, dass man so auf einmal wieder in genau jener Situation ist, die man als Ex-Mitfahrzentrale-Nutzer glaubte, so erfolgreich hinter sich gebracht zu haben: Im Nu muss man sich mit einem hünenhaften, viel zu viel Platz beanspruchenden, schmatzend Kaugummi kauenden Zotteltier über dessen Mutter unterhalten, die seine Hemden nach dem Waschen immer komplett zuknöpft, was ihn beim Anziehen zu viel Zeit kostet. Sicher, wie in der Bahn sind Ohrstöpsel, Schallschutzkopfhörer oder Musik ein probates Mittel der Abschottung, aber falls man im Extremfall den Platz wechseln muss, ist im Bus die Auswahl an Ausweichplätzen, wenn überhaupt, längst nicht so groß. Außerdem kann man kaum mit der Ausrede fliehen: »Ich komme gleich wieder, muss nur schnell einen Kaffee holen«, sich dann mangels Alternativen eine Reihe weiter hinten niederlassen und fortan so tun, als kenne man seinen ehemaligen, sich ungläubig nach einem umsehenden Exnachbarn nicht. Also ist man quasi gefangen – und somit auch dessen Husten, Niesen und Schnarchen hilflos ausgeliefert, bis der Bus ankommt.

Und, keine große Überraschung: Das kann dauern. Ist Stau auf der Strecke, hat man im Nu vierzig, fünfzig, sechzig Minuten Verspätung (nein, liebe Bahnfahrer, von den paar Euro, die man hier zahlt, gibt es bei Verspätung keine zurück). Dazu kommen noch die Pausen der Fahrer wegen der Lenkzeitvorschriften. Dann werden aus den elf Stunden mit dem Bus von Hamburg nach München und umgekehrt schnell zwölf, aus sieben Stunden München – Frankfurt acht oder achteinhalb. Mit dem eigenen Auto würden das viele Menschen als normal akzeptieren, in der Bahn würde sie es furchtbar ärgern. Im Bus reagieren sie je nach Lebensalter, Getränkevorrat und Zeitdruck, aber mit Tendenz zum Genervtsein. Denn mit der Bahn braucht man für beide gerade erwähnte Strecken ganz grob jeweils die Hälfte der Zeit. Aber, um fair zu sein: Es gibt auch Strecken, wie etwa Zürich – München, auf denen der Bus den Zug zeitlich schlägt. Sonst aber gilt eher: Der Bus ist etwas für Leute mit etwas mehr Zeit.

Und wenn man, was eigentlich naheliegt, einen der Nachtbusse nimmt, deren Zahl immer mehr zuzunehmen scheint, in der Hoffnung, in den tags doch recht bequemen Sitzen schlafen zu können: gut möglich, dass das wunderbar klappt; Bergsteiger am Mount Everest schlafen schließlich auch am Berg, festgezurrt im Mumienzelt in Haltungen, die jeder Nichtbergsteiger als höchst unbequem empfinden würden.

Es kann aber auch sein, dass es nicht klappt und man kein bisschen schlafen kann, sondern, wenn man irgendwann zu müde zum Lesen und Filmgucken ist, vor sich hin dämmert. Statt fünf Stunden Schlaf also: ein übermüdeter Tag. Vorteil für die Bahn? Nachts eigentlich auf jeden Fall – allerdings kennen wir das Los der Nachtzüge, zumindest jener der Deutschen Bahn.

Und tags? Nun ja: Dieser wie selbstverständlich wirkende Komfort der Busse, die Verbindlichkeit des Servicepersonals, das Fehlen der Durchsagen, in denen von »Störungen im Betriebsablauf« die Rede ist, das hat was, zumindest auf nicht zu langen Strecken.

Allerdings hat die Politik den Bussen einen gewichtigen Wettbewerbsvorteil eingeräumt: Sie sind mautbefreit. Züge zahlen für die Nutzung der Schienen hingegen Gebühren. Vor der Drucklegung dieses Buchs brachten Verkehrspolitiker zwar gerade eine Maut auch für Fernbusse ins Gespräch. Aber die Bahn von der Abgabe zu entlasten, darauf kam offenbar niemand.

# Hat die Bahn wirklich eine Zukunft? Unterstützer dringend gesucht!

Nein, das ist keine Schönrednerei: In den Zügen der Bahn hat sich in den letzten Jahren einiges verbessert, und seit dem Stopp des Börsengangs, in dessen Vorfeld der Staatskonzern drauf und dran war, kaputtgespart zu werden, ist vieles noch mal besser geworden. Sicher, im Restaurant und Bistro liegt noch einiges im Argen, in den Toiletten erst recht, sofern sie nicht zugesperrt sind. Das Verschwinden des Speisewagens im IC-Verkehr ist ein Fehler, das Aus für Auto- und Nachtzüge unverständlich und die Idee der Controller, das Gepäck aus den Zügen wegzusparen, absurd bis selbstschädigend.

Dafür sind die Zugverbindungen zumindest zwischen den große Städten besser geworden, ja, die Deutsche Bahn will auch einige kleinere wieder in ihr Streckennetz aufnehmen. 2017 sollen die ersten ICE-4-Züge kommen. Die meisten Zugführer, Zugbegleiter, Kellner und Bedienungen – und die Stewardessen und Stewards sowieso – behandeln die Fahrgäste längst nicht mehr als »Transportfälle«, sondern als Kunden. Vielleicht mag dazu auch ein bisschen das Teilen des Herrschaftswissens

über Zugverspätungen und Alternativ- und Anschlusszüge beitragen. Was früher nur dem Bahnpersonal vorbehalten war, kann heute jeder online oder via Smartphone-App sehen; mancher hat sogar einen besseren
Überblick als der Zugbegleiter. Die Technik erleichtert
auch das Umbuchen, Umreservieren: Den Automaten
von einst, es gibt ihn zwar noch, aber man kann ihn links
liegen lassen. Vieles von dem, wofür man früher in der
zugigen Bahnhofshalle Schlange stehen musste, lässt sich
jetzt mit ein paar Mausklicks oder Fingertipps erledigen.
Und selbst wenn man die Mensch-zu-Mensch-Kommu-
nikation bevorzugt: Es gibt immer mehr nette Mitarbeiter in den Kundenzentren.

Ja, mehr noch: Jetzt will man sogar die Ursachen all
der Pannen angehen: mit einem großangelegten Investi-
tionsprogramm zur Erneuerung der Schienenwege. Und
dem Konzept »Zukunft Bahn«, das verspricht: bessere
Informationen. Weniger Fehler. Mehr Zuverlässigkeit. Es
ist ein Programm gegen Verspätungen und Zugausfälle,
falsche Wagenreihungen und Bordbistros ohne Kaffee.

Man könnte sagen: traumhaft. Man könnte sagen: Die
Bahn ist auf dem richtigen Weg.

Das ist nicht richtig. Sie könnte kurz davor sein. Aber
es fehlt etwas. Ein großes Konzept. Ein umfassender Plan.
Eine Vorstellung davon, was die Bahn in unserem Land
sein sollte – und sein kann.

Stattdessen ist man schon wieder drauf und dran, Fehler
zu machen.

Kurz bevor dieses Buch abgeschlossen wurde, war die
Rede von Loks, die man verkaufen (und dann wohl wieder mieten) wolle – man kennt das Spiel von all den
Stadtkämmerern, die städtische Unternehmen verkauften,
zurückmieteten und nun sagen: nie wieder. Und davon,

dass man ein Viertel der Instandhaltungswerke einsparen wolle – wird Instandhaltung bei all den Mängeln, mit denen die Züge schon jetzt herumfahren, nicht im Gegenteil dringend benötigt?

Der Grund für die Sparmaßnahmen: »schlechtere Zahlen«. Obwohl mehr Menschen Bahn fahren, macht die Bahn in letzter Zeit weniger Gewinn.

Was natürlich auch daran liegt, dass sich die längst überfälligen Investitionen in bessere Qualität und Service irgendwo niederschlagen müssen. Außerdem am Wettbewerb durch Fernbusse und Billigflieger und an vermehrten Schnäppchenangeboten. Und, nicht zu vergessen, an der – auch finanziellen – Torheit »Stuttgart 21«, das überflüssigste Bahn-Prestigeobjekt der letzten Jahrzehnte, das natürlich viel teurer und natürlich später fertig wird als geplant.

Aber die wirkliche, unfassbare Torheit des zuständigen Eigentümers des Konzerns Bahn, der Politik nämlich, ist eine ganz andere. Nämlich die, der Deutschen Bahn überhaupt stete – und natürlich bitte stets wachsende – Gewinne abzufordern. Vor allem in einer Phase wie dieser, in der endlich jahrzehntelang versäumte Investitionen getätigt werden, in der das Schienennetz fit für die Zukunft gemacht, endlich Fehler beseitigt werden sollen, die der Bahn schon viele Kunden abspenstig gemacht haben. Deutschland ist ein Pendlerland: Gingen all die Baumaßnahmen, die Unbequemlichkeiten, Ersatzverkehre und Umleitungen für die Kunden der Bahn, die Modernisierung des Netzes nicht viel schneller vorbei, wenn man die Gewinne der Bahn einfach reinvestieren würde?

Die Bundesregierung müsste die Deutsche Bahn darüber hinaus noch mehr unterstützen. Es ist unverständlich, dass die Bahn, das mit Abstand umweltfreundlichste Verkehrsmittel, nicht von Stromsteuer und Ökoabgabe auf den Strompreis befreit ist, dass Fernbusunternehmer ihre Kunden keine Verspätungsentschädigungen zahlen müssen und obendrein mautbefreit sind, während die Bahn für das Benutzen der Schienentrasse bezahlt.

Und mehr noch: Wenn man jetzt schon in Technik und Strecken investiert und Konzepte schreibt, die »Zukunft Bahn« heißen: Wäre das nicht die einmalige Gelegenheit gewesen, die Weichen (!) wirklich in Richtung Zukunft zu stellen? Das zu tun, was wir Deutschen aber trotz unserer bahnbegeisterten Vergangenheit, unseres enormen Schienennetzes, unserer früheren Begeisterung für Umweltschutz bislang nicht zustande gebracht haben: nämlich die Bahn zum zuverlässigen, modernen, attraktiven und umweltfreundlichen Verkehrsmittel für alle auszubauen.

Wann werden maßgebliche Politiker in Deutschland endlich begreifen, dass die Bahn, die Züge, der Schienenverkehr nicht irgendein Unternehmen ist, das sich nun leider zufälligerweise in staatlicher Hand befindet? Sondern vielmehr eine öffentliche Aufgabe. Und eine Verpflichtung. Hier und jetzt könnte man die Grundlagen für eine nachhaltige Art der Mobilität schaffen, für die es keine Alternative gibt und für die noch unsere Enkel und Urenkel dankbar wären.

Stattdessen hat es im Gegenteil den Anschein, als bewege sich unser Land in den letzten Jahren rückwärts. Der Flugverkehr wird gefördert, Autobahnen werden ausgebaut. Und statt den Schwerlastverkehr, der unsere Straßen auf dem Transit von Ost nach West in langen Kolonnen kaputt walzt, auf Schienen umzuleiten, wie es unsere südlichen Nachbarn einfach tun, wirbt ein Bundesverkehrsminister sogar ganz offen dafür, überlange

Megalaster auf unseren Straßen zuzulassen – Straßenkurzzüge sozusagen –, und spricht so eilfertig von der Bedeutung der Giganten für die Wirtschaft, als äußere sich hier ein Autolobbyist. Deutschland macht Verkehrspolitik von vorgestern, so kurzsichtig, als sei die Nachricht vom Klimawandel noch nicht zum Ohr des Ministers vorgedrungen, so ignorant, als gebe es die Bahn gar nicht.

Und offenbar existiert keine Vision, keine Vorstellung davon, was die Bahn sein, was sie leisten könnte. Zumindest keine Vision, die man kennt.

Anders, wie gesagt, als zum Beispiel in der Schweiz. Ich erwähnte unser Nachbarland weiter oben schon mal, als es um die pro Person ausgegebene Summe für das Bahnnetz ging: Spitze in Europa.

Und das Resultat, es lohnt sich. Die Zahl der Bahnhöfe und der Schienenkilometer in dem kleinen Land nimmt ständig zu, die Schweiz verfügt über das dichteste Schienennetz der Erde – und das trotz all der Berge. Die Schweizerischen Bundesbahnen SBB sind sauber, ihr Personal ist freundlich, und man bemisst die Pünktlichkeit nicht in einer Spanne von sechs Minuten wie bei uns, sondern von drei Minuten – und hat dabei trotzdem ähnliche Pünktlichkeitsquoten wie die Deutsche Bahn! Zugleich ist Bahnfahren in der Schweiz gerade mit Zeitkarten deutlich billiger als in Deutschland. All das und noch mehr macht die Schweizer zu zufriedenen Bahnfahrern.

Und was ist das »noch mehr«? Der Gedanke dahinter. Die Idee.

Auch die SBB ist eine Aktiengesellschaft im Staatsbesitz. Ihr oberstes Ziel sind allerdings nicht von Jahr zu Jahr steigende Gewinne, sondern ist Mobilität für alle. Ein Ziel also für die Menschen, nicht für die Bilanz – wow, wer hat's erfunden?

Das Beste ist aber: Auch bei uns könnte die Bahn zu so etwas werden wie in der Schweiz. Immer noch. Ja, dafür braucht man Geld. Noch mehr Geld als bisher.

Und ja, es gibt einen Weg.

Egal, wie man das Modell nun nennen will: Umlage, Bahncard 100 für alle, »Bürgerticket« beziehungsweise »beitragsfinanzierter Nulltarif«, so bezeichnet es der Verkehrswissenschaftler Heiner Monheim. Man könnte aber auch »Flatrate« sagen. Und das ginge so: Alle Einwohner Deutschlands zahlen einmal pro Jahr eine bestimmte Summe, die deutlich günstiger ist als eine Bahn-Zeitkarte. Alle könnten damit in allen öffentlichen Verkehrsmitteln kostenlos fahren, wann sie wollen und wohin sie wollen.

Und mit den Einnahmen dieser Umlage könnte man die Bahn zu dem machen, was sie sein sollte: einem Investment für morgen. Einem Teil unseres Lebens, cool, bequem, fortschrittlich, umweltfreundlich, nachhaltig. Der Zukunft des Reisens, Pendelns, Sichfortbewegens also.

Wäre das nicht eine Riesenchance?

# Zehn nützliche Dinge, die Sie in der Bahn dabeihaben sollten

1. Die doppelte Menge an Wasser, die Sie für nötig halten (im Sommer die vierfache Menge),

2. einen kleinen Notvorrat (Nüsse, Müsliriegel oder dunkle Schokolade), der im Bedarfsfall für die gesamte Strecke reicht,

3. ein Smartphone, auch wenn Sie bislang überzeugter Technikgegner sind, mit zumindest der App DB Navigator und Musik, die sich als Klangteppich eignet,

4. dazu passende hochwertige Ohrstöpsel oder schalldämmende Kopfhörer,

5. Ladekabel und Reserve-Akku (aufgeladen),

6. Pullover oder Jacke, auch im Sommer,

7. ein Halstuch (besser, als wenn Sie im überhitzten Zug Ihre Stirn mit Ihrem angefeuchteten Schlüpfer kühlen),

8. wenn Sie der Typ dafür sind: ein Reiseurinal,

9. ersatzweise eventuell: ein Glas mit großer Öffnung, z. B. ein Gurkenglas (darf auch voll sein, in dem Fall

können Sie vor Benutzung den Inhalt an Ihre Sitznachbarn verteilen),

10. nie zu wenig Bargeld, außerdem Führerschein und Kreditkarte (im Notfall – für die Autovermietung).

Ich danke noch einmal all denjenigen – auch bei der Bahn –, die mir bei dieser Gebrauchsanweisung auf vielfältige Art geholfen haben. Und ganz besonders danke ich Bettina Feldweg vom Piper Verlag.

# »Eine Innenkabine mit Meerblick, bitte!«

*Hier reinlesen!*

Thomas Blubacher

## Gebrauchsanweisung für Kreuzfahrten

Piper Taschenbuch, 240 Seiten
€ 15,00 [D], € 15,50 [A]*
ISBN 978-3-492-27681-8

Wissen Sie, warum Schiffe nur von Frauen getauft werden und was eine Schmetterlingsfahrt ist? Thomas Blubacher war in der Karibik und im Indischen Ozean, im Mittelmeer und auf Europas Flüssen unterwegs. Ob Ozeanriese, Luxusliner oder Viermastbark – er erklärt, wie man die passende Reise für sich findet. Berichtet augenzwinkernd von Weihnachtsmarkttouren und Wellnessoasen sowie seinem Selbstversuch als »Nummernboy«. Danach ist vom Neuling bis zum Repeater jeder für das Captain's Dinner bereit.

PIPER

Leseproben, E-Books und mehr unter www.piper.de